Bibliografische Information der Deutschen Nationalbibliothek
Die Deutsche Nationalbibliothek verzeichnet diese Publikation in der Deutschen Nationalbibliografie; detaillierte bibliografische Angaben sind im Internet über http://dnb.d-nb.de abrufbar.

ISBN 978-3-7917-2710-3

Satz: Dr. Peter Morsbach Verlag nach einem Entwurf von grafica – Astrid Riege
Einbandmotive: vorne: Gutshof Andres in Pettstadt; hinten links: Hotel zur Schwane in Volkach; hinten rechts: Gasthof zum Schwan in Sommerach
Druck und Bindung: Friedrich Pustet, Regensburg
Printed in Germany 2015

weitere Publikationen aus unserem Programm finden Sie auf www.verlag-pustet.de bzw. www.drmorsbachverlag.de
Kontakt und Bestellungen unter verlag@pustet.de

Inhalt

Bezirkstagspräsident Erwin Dotzel

Grusswort

Die Deutschen sind das Volk der Dichter und Denker, soll Wolfgang Menzel vor gut 200 Jahren geschrieben haben. Dichter und Denker schätzen oft einen guten Tropfen und geselliges Zusammensein. Dafür gibt es eine lange Reihe prominenter Zeugen. Johann Wolfgang von Goethe zum Beispiel, von dem die Einsicht stammt, das Leben sei zu kurz, um schlechten Wein zu trinken, oder Heinrich Heine, der einst reimte: „Ebenfalls, so schäumet hier, Geist und Phantasie anregend, holder Bock, das beste Bier."

Wo aber ließe sich schöner trinken und essen als in einem gemütlichen Wirtshaus? Am besten in einem unterfränkischen Traditions-Lokal! Als Präsident des Bezirkstags von Unterfranken freue ich mich daher sehr über dieses gelungene Buch, das fünfzig historische Gaststätten portraitiert – fünfzig ausgewählte Wirthäuser, die einen Besuch lohnen und zugleich unterfränkische Kulturgeschichte erzählen.

Dabei laufen die Autoren dieses Buches beim Bezirk Unterfranken offene Türen ein, denn unser Referat für Kulturarbeit und Heimatpflege betreibt seit vielen Jahren einschlägige Forschung. Ich darf in diesem Zusammenhang nur an die Wander-Ausstellung „Schafkopf und Musikbox" erinnern, die zumindest in Teilen bundesweit gezeigt wurde, oder auch an die Biermarken-, die Bierdeckelsowie die Tanzsaal-Datenbanken, die wir auf unserer Homepage allen daran Interessierten zur Verfügung stellen.

In einem angenehmen Wirtshaus in unterhaltsamer Runde schäumen Geist und Phantasie, wie es bei Heine heißt. Aber ein historisches Gasthaus ist noch mehr; es steht für Individualität, es steht für Tradition, es steht für Heimat. Denn in unseren alten Wein-Stuben und Bier-Tempeln haben sich die Menschen seit Generationen getroffen, sie haben dort debattiert, diskutiert, Pläne geschmiedet und Entscheidungen getroffen.

Es ist richtig, dass Kommunikation heute anders stattfindet. Es stimmt schon, dass man in einer mobilen Gesellschaft die Kneipe um die Ecke nicht mehr braucht. Und es kommt auch nicht von ungefähr, dass so viele Wirtshäuser schließen. Aber es gibt auch andere Beispiele. Es gibt auch Wirte, die mit pfiffigen Ideen und findigen Konzepten ihre Häuser erfolgreich führen.

Dieses Buch steckt voller solcher Beispiele, die uns zeigen, dass Tradition und Moderne wunderbar harmonieren, dass auch in Zeiten des Internets ein gutes Gespräch bei einem Schoppen Wein oder einem Glas Bier durch nichts zu ersetzen ist.

Peter Morsbach

„Eine der schönsten Erfindungen neuerer Zeit sey das Speisen nach der Karte“

Vom Krieg der Wirte und Gäste

Seit etwa 1780 breitete sich von Frankreich her ein bis dahin unbekannter Typ des Wirtshauses aus: das Restaurant, die Speisegaststätte, die eine Essensauswahl à la carte anbot, wo man also zwischen unterschiedlichen Speisen wählen konnte. Was für uns heute selbstverständlich ist, war damals etwas völlig Neues. Das Zitat in der Überschrift zu diesen kurzen Betrachtungen stammt aus Goethes Roman Wilhelm Meisters Wanderjahre (1. Buch, Kapitel 6), erschienen 1821, und zeigt, wie froh man war, nicht mehr das essen zu müssen, was eine Küche zufällig oder willkürlich im Angebot hatte.

Bis dahin war man nur zum Trinken ins Wirtshaus gegangen, gegessen wurde daheim, bei Freunden oder in Gesellschaften. Deswegen waren die Wirtshäuser älterer Zeit in erster Linie Schenken, in denen es alkoholische Getränke gab, die man ‚Leit‘ nannte: Wein, Met und Bier. Die Wirte hießen ‚Leitgeber‘. In den Wirtshäusern aßen überwiegend die Reisenden. Es gibt zahllose Schilderungen von den vielen Schrecknissen und wenigen Freuden der meist unfreiwilligen Wirtshausaufenthalte. So ließ 1518 der Humanist Erasmus von Rotterdam kein gutes Haar an den deutschen Wirtshäusern; ihm verdanken wir eine lebendige Schilderung der zu Beginn des 16. Jahrhunderts dort herrschenden Zustände:

„Ist für das Pferd gesorgt, so gehst du in die Wirtsstube, in den Stiefeln, mit dem Gepäck und allem Kot, gibt es doch nur einen für alle gemeinsamen Raum. (...) In der Stube mit dem Ofen zieht man die Stiefel aus, legt die leichten Schuhe an, wechselt, wenn man Lust hat, das Hemd; die vom Regen feuchten Kleider hängt man beim Ofen auf; du selbst näherst dich diesem, wenn du dich trocknen willst. Auch Wasser steht bereit, so man Lust hat, die Hände zu waschen, doch ist es meist so unsauber, dass man nachher anderes Wasser verlangen muss, um jene erste Waschung wieder abzuwaschen. (...) Trifft man nachmittags vier Uhr ein, so kommt man doch nicht vor neun Uhr zum Nachtessen, bisweilen dauert‘s auch bis zehn Uhr. (...) Sie rüsten nichts, bevor sie sämtliche Gäste da sehen, damit alle auf einmal bedient werden können. (...) So kommt es, daß häufig in derselben Stube achtzig bis neunzig Personen zusammenkommen: Fußgänger, Reiter, Kaufleute, Schiffer, Fuhrleute, Bauern, Kinder, Weiber, Gesunde und Kranke. (...) Einer kämmt sich, ein ande-

Charakterkopf an einer Sitzbank im Gasthaus Schönbrunnen in Lohr am Main

rer wischt den Schweiß ab, ein dritter säubert seine Marschschuhe oder seine Reiterstiefel, und wieder einer rülpst knoblauchduftend. (…) Unterdessen gilt es für unstatthaft, etwas für sich zu verlangen. Erst wenn es schon spät am Abend ist und nicht mehr viele Gäste erwartet werden, kommt ein alter Knecht zum Vorschein, mit einem grauen Bart, geschorenem Kopf, einem mürrischen Gesicht und in schmutziger Kleidung. (…) Dieser lässt dann seine Augen herumgehen und zählt schweigend die in der Hitzstube Anwesenden. Je größer deren Zahl ist, desto kräftiger wird der Ofen geheizt, selbst wenn die Sonne durch ihre Wärme schon beschwerlich fällt. Bei diesen Gastwirten gilt es für einen Hauptbestandteil einer guten Verpflegung, wenn alle von Schweiß triefen. (…) Haben alle Platz genommen, so kommt noch einmal jener mürrische Göttermundschenk und zählt wiederum seine Gäste. Bald darauf erscheint er dann, um jedem einen hölzernen Teller vorzulegen und einen aus demselben Silber gefertigten Löffel und einen gläsernen Becher, nachher dann auch Brot. Zum Zeitvertreib klaubt jeder den Dreck daraus, während die Speisen gekocht werden. So sitzt man bisweilen eine Stunde lang. (…) Endlich wird der Wein aufgesetzt, und was für einer! Die Sophisten sollten keinen anderen trinken, so dünn und sauer ist er. (…) Jetzt haben sie denn endlich einen Bissen dem knurrenden Magen zuzuschieben: es folgen bald mit großem Pomp die Platten. Die erste enthält meist mit Fleischbrühe weich gemachtes Brot oder, wenn es ein Fasttag ist, mit Brühe aus Gemüsen. Dann kommt eine andere Brühe, hierauf etwas aufgekochtes Fleisch oder aufgewärmtes Eingesalzenes. Sodann wieder ein Zugemüse, hierauf eine solidere Speise, bis sie dann dem recht gestillten Magen den Braten vorsetzen oder gesottene Fische, die keineswegs zu verachten sind; aber hierbei verfahren sie sparsam und nehmen die Platten gleich wieder weg. (…) Es wird dann auch ein etwas edlerer Wein aufgetragen. Sie haben diejenigen gern, die tüchtig trinken, wobei der, der am meisten trinkt, keinen Pfennig mehr bezahlt als der, welcher am wenigsten trinkt.“

Ein anderer berühmter Reisender, Michel de Montaigne (1533–92), machte indes auf seiner Reise nach Italien durch die Schweiz und Süddeutschland bemerkenswert differenzierte Beobach-

tungen zu Essen und Trinken, schwärmte von der guten Unterkunft und der „äußerst freigebigen Bewirtung“ und den vorzüglichen Speisen. Ähnlich sang Mark Twain auf seinem „Bummel durch Europa“ 400 Jahre später das Loblied der deutschen Wirtshäuser.

Der französische Schriftsteller und Rechtsphilosoph Charles-Louis de Montesquieu hingegen mokierte sich auf seiner Deutschlandreise 1728–29 über die Qualität des Trinkwassers: „Wenn Sie in einer Herberge oder Poststation ein Glas Wasser zu trinken verlangen, bringt man Ihnen schlammiges Wasser zum Händewaschen. Wenn Sie zu verstehen geben, dass es Trinkwasser sein soll, kommt plötzlich der Gastwirt oder Stationsvorsteher und sagt Ihnen, dass Ihnen das schlecht bekommen wird und dass es besser wäre, wenn Sie Wein oder Bier trinken würden. (…) Sobald Sie davon trinken, beginnt das ganze Dorf zu lachen.“

Kaum wohlwollender, dafür umso süffisanter, äußerte sich Heinrich Heine auf seiner Reise in den Harz 1824: „In der Wirthsstube fand ich lauter Leben und Bewegung. Studenten von verschiedenen Universitäten. Die Einen sind kurz vorher angekommen und restaurieren sich, Andere bereiten sich zum Abmarsch, schnüren ihre Ranzen, schreiben ihre Namen ins Gedächtnisbuch, erhalten Brockensträuße von den Hausmädchen; da wird in die Wangen gekniffen, gesungen, gesprungen, gejohlt, man fragt, man antwortet, gut Wetter, Fußweg, Prosit, Adieu. Einige der Abgehenden sind auch schon etwas angesoffen, und Diese haben von der schönen Aussicht einen doppelten Genuß, da ein Betrunkener Alles doppelt sieht.“

In diesem Sinne!

1

Gasthaus zum Schwanen in Alzenau

Die Geschichte der Stadt Alzenau im Norden des unterfränkischen Landkreises Aschaffenburg ist lang. Die älteste schriftliche Erwähnung des heute knapp 20 000 Einwohner zählenden Ortes geht auf das Jahr 950 zurück. Damals nannte man die Ansiedlung links der Kahl noch Wilmundsheim. Im unteren Kahlgrund, an den westlichen Ausläufern des Spessarts gelegen und von tausenden Hektar Wald umgeben, spricht man seit jeher von einer ‚Stadt im Grünen'.

Die Geschichte des Gasthauses zum Schwanen reicht zwar nicht ganz so weit zurück, dafür ist sie in verschiedenen Chroniken fast lückenlos dokumentiert. Seit 1837 wird in dem Gebäude in der Hanauer Straße 87 Dienst am Kunden geleistet. Ein gewisser Sebastian Funk hatte in jenem Jahr bei der Gemeindeverwaltung Alzenau beantragt, in seinem neu erbauten Haus eine Straußwirtschaft betreiben zu dürfen. Durch Tauschhandel mit einem Nachbarn hatte Funk Brauereirecht samt Branntweinbrennerei und gemeindlicher Schildwirtschaft erworben. Die Eignung des Gebäudes beschrieb die Gemeinde damals folgendermaßen: Es läge „an der frequentiertesten Straße, von Stein erbaut, 50 Schuh lang, 40 breit und 2 Stock hoch, hat im untern Stocke vier geräumige Zimmer und eine Küche, im oberen Stocke fünf Zimmer, dann zwei Keller". Die Gemeinde erteilte die Genehmigung und die lange und erfolgreiche Geschichte des Gasthauses konnte beginnen.

Rechts: Vielfältig ist die Auswahl an selbstgebrannten Schnäpsen und Likören

1867 erwarb Johann Sittinger das Gasthaus samt Landwirtschaft und meldete im Jahr darauf offiziell eine Branntweinbrennerei an. Seither ist das Anwesen im Besitz der Familie. Nachdem Sittinger 15 Jahre lang die Schankwirtschaft betrieben hatte, beantragte er 1882 bei der Gemeinde die Gastwirtschaftsgerechtigkeit, die ihm nach mehreren vergeblichen Anläufen allerdings erst 1901 auf Weisung der königlichen Regierung von Unterfranken und Aschaffenburg erteilt wurde. 1903 übertrug der Urgroßvater des heutigen Besitzers die Gastwirtschaft auf seinen Sohn Karl Sittinger. Dieser machte das damals noch „Elze-Wirtschaft" genannte Haus gemeinsam mit seiner Frau zu einem gesellschaftlichen Zentrum des Ortes, wo sich Bauern, Einheimische und vereinzelte Reisende gleichermaßen trafen. Das Gasthaus war indes immer schon weit mehr als „nur" Wirtschaft. Während des Ersten Weltkrieges wurde der Saal des Gasthauses als Vereinslazarett des Roten Kreuzes für verletzte Soldaten genutzt. Außerdem wurden zahlreiche Ortsvereine in der Wirtschaft gegründet und sind bis heute hier daheim, wie der Gesangverein (1898), der Kraftsportclub Germania (1910), der Brieftaubenzuchtverein und der Wanderclub Edelweiß (beide 1928) sowie in neuerer Zeit der Alpinverein (1986). 1980 übernahm nach einer umfassenden Renovierung des Gebäudes der heutige Besitzer Walter Sittinger das Haus von seiner Großmutter.

Gemeinsam mit Ehefrau Maria führt der gelernte Koch die lange Tradition der Familie und des Gasthauses weiter und bietet seinen Gästen eine echte bayerisch-fränkische Küche. Traditionelle Gerichte wie Volkacher Metzelsuppe, Bäckerjünglings Knoblauchsüppchen, Oberbayerisches Käseschnitzel oder der sonntägliche Braten von Rind oder Reh machen den Schwanen zu einem heute nicht mehr alltäglichen, authentischen Wirtshaustyp. Im sogenannten Schwanenkalender finden Interessierte die zahlreichen saisonalen Besonderheiten aufgelistet, wie die Fränkischen Bratwurstwochen, das Schwammerlbuffet oder die Kartoffelwochen – zur Erntezeit der regionalen Produkte blüht der Schwan förmlich auf. 60 Genießer finden dann im Gastraum des Schwanen an einladend gedeckten Holztischen Platz. Der Boden im Gastraum ist gefliest, die Decke mit Holz verkleidet.

Platz für weitere 50 Personen findet man im Nebenraum. Hier können die Tische zu langen Tafeln zusammengestellt werden, sodass ein Raum für größere Gruppen und Veranstaltungen entsteht. Ein alter Holzboden und die komplett holzverkleideten Wände sorgen für Gemütlichkeit, besonders aber die Holzdecke, deren verzierte Balken wie die Speichen eines Wagenrads in der Mitte zusammenlaufen. In einer Vitrine sind die zahlreichen Auszeichnungen und Pokale der Vereine zu bewundern, die über die Jahrzehnte das Gasthaus als Vereinslokal genutzt haben.

Eine Spezialität des Hauses sind die selbstgebrannten Schnäpse, Liköre und der Apfelwein. Da seit jeher das Brennrecht auf dem Haus liegt, nutzt Walter Sittinger die Früchte der eigenen Streuobstwiesen und zaubert an seinen freien Tagen regionale, hochprozentige Köstlichkeiten. Mirabellenwasser, Alzenauer Apfellikör, Elzegarten Zwetschgenwasser, Aronia-Dinkel Likör oder der prämierte Alzenauer Geist aus der schwarzen Eberesche sind nur einige Beispiele. Gebrannt wird im Roh- und Feinbrandverfahren, klimaneutral mit Holz befeuert. 2009 wurde Sittinger bei der Fränkischen Obstbrandprämierung und 2014 bei der Destillata-Prämierung bester Spirituosen sowie bei der Bayerischen Obstbrandprämierung ausgezeichnet. Der Apfelwein und die Brände sind jederzeit im Gasthaus zu verkosten.

Zum Schwanen

Hanauer Straße 87
63755 Alzenau

Telefon: 06023 / 1391

www.schwanen-alzenau.de

Öffnungszeiten:
Dienstag, Freitag, Samstag
11:00–14:00 Uhr
18:00–23:00 Uhr
Mittwoch
11:00–14:00 Uhr
17:00–23:00 Uhr
Sonntag
10:00–15:00 Uhr
17:00–22:00 Uhr
Feiertage
nach Vorankündigung
Ruhetage:
Montag, Donnerstag

2

Gastwirtschaft Schlappeseppel in Aschaffenburg

Die Brauereigaststätte Schlappeseppel in Aschaffenburg ist ein historisches Wirtshaus ganz besonderen Ranges. Nicht nur, dass es die wohl bekannteste und nach eigenen Angaben auch älteste Gaststätte der Stadt ist – sie hat vermutlich auch die ausgefallenste Gründungsgeschichte. Und wer sie gerne erfahren möchte, kann sie von Konrad Michael Vogel hören. Der 86-jährige Weihenstephaner Diplom-Braumeister und ehemalige Linienflugzeugführer mit 30 000 Stunden Flugerfahrung ist in dritter Generation Besitzer der Brauereigaststätte Schlappeseppel und erzählt bei einem Bier, wie sich der Legende nach alles zugetragen haben soll – damals, im Dreißigjährigen Krieg.

1631 nimmt König Gustav Adolf von Schweden die Stadt Aschaffenburg ein. Sie gefällt ihm und er beschließt, hier Hof zu halten, statt sie zu zerstören. Als er in das 1605–1614 errichtete Schloss Johannisburg einzieht, muss er jedoch feststellen, dass die Bierfässer der Stadt aufgrund des langen Kriegs leer sind. Das hält bei aller Liebe zur Stadt ein schwedischer König nicht aus. Es wird also jemand gesucht, der sich auf die Kunst des Bierbrauens versteht. In Soldat Joseph Lögler findet man schnell den richtigen Mann. Der wegen einer Kriegsverletzung auch „der schlappe Seppel" genannte Lögler löst die Aufgabe, seinen König mit Bier zu versorgen, mit Bravour. Als die schwedischen Landsknechte weiterziehen, wird Lögler in Aschaffenburg sesshaft und sein Spitzname wird in der Bevölkerung zu einem festen Begriff: die Geburtsstunde der Brauerei Schlappeseppel.

1803 verleiht Kurfürst Karl Theodor von Dalberg der Brauerei Schlappeseppel das Braurecht „auf ewig". 1899 übernimmt mit Konrad Vogel der Großvater des heutigen Besitzers die Brauerei. Auch nach der Einstellung des „ewigen" Brauereibetriebs 1979 bleibt das Haus in der Schlossgasse im Besitz der Familie.

Heute ist der dreigeschossige Walmdachbau denkmalgeschützt. Die zweigeschossige Kelleranlage unter der Brauerei gilt als die größte Aschaffenburgs. Die Gewölbe stammen zum Teil aus dem 12. Jahrhundert und gehen auf die mittelalterliche Starkenburg zurück, an deren Stelle 1605–1618 das Schloss Johannisburg errichtet wurde. Das Brauereigebäude dient seit 2013 als

Oben: Ein Panoramablick in das Brauereimuseum im ehemaligen Brauereigebäude des Schlappeseppels

Brauereimuseum, in dem sich Besucher die alten Kupferbottiche, Pumpen, Fässer, Werkzeuge, Rechnungen und eine Kopie der kurfürstlichen Gründungsurkunde sowie das Originalrezept des schlappen Seppels anschauen können.

Seit dem Jahr 2000 wird die Tradition der Gaststätte Schlappeseppel von Pächter Johnson Chu weitergeführt. Er bietet von der gemütlichen Brotzeit über das deftige Mittagessen bis zum geselligen Bier alles, was das Besucherherz von fränkischer Küche begehrt. Warme Speisen gibt es im Schlappeseppel durchgehend von 10 Uhr früh bis 1 Uhr nachts. Rund 150 Personen finden in den drei Bereichen des Gasthauses Platz. Dazu kommen Bierbänke im Außenbereich.

Bis heute bildet der Schlappeseppel mit seiner Lage zwischen dem Schloss Johannisburg, der Stiftsbasilika sowie dem Theater und dem Rathaus einen beliebten gesellschaftlichen Sammelpunkt in Aschaffenburg. Dass man sich hier der langen eigenen Geschichte bewusst ist und diese in Ehren

hält, erkennen Besucher sofort an der Dekoration der Gaststube. Sie umfasst Bilder der Familie Vogel, wie beispielsweise Porträts des bereits 1908 verstorbenen Großvaters von Konrad Vogel, alte Flaschen, Steinkrüge und Fässer aus der Zeit, als hier noch gebraut wurde, sowie gegenüber dem Eingang eine Holzfigur des namensgebenden lahmenden schwedischen Soldaten. Die lange Theke zieht sich quer durch die geflieste Gaststube und gegenüber verläuft an der Fensterseite eine durchgehende Sitzbank.

Auch wenn Johnson Chu heute die Leitung über das rund 40 bis 50 Mann starke Team der Brauereigaststätte hat, so ist doch auch Inhaber Konrad Michael Vogel noch immer auf dem Laufenden, was sein Lokal betrifft, und erzählt gerne von früheren Zeiten. Und wer sich nach Braten und Bier auch noch für die Geschichte des Bierbrauens interessiert, der schaut nebenan ins Brauereimuseum. Zu entdecken gibt es hier vieles, und nach vorheriger Anmeldung kann man sogar selbst lernen, sehen und schmecken, wie der berühmte Gerstensaft gebraut wird.

In der Gaststube erinnert vieles an die ehemalige Brauerei

Gastwirtschaft Schlappeseppel

Schlossgasse 28
63739 Aschaffenburg

Telefon: 06021 / 25531

www.schlappeseppel-ab.de

Öffnungszeiten:
täglich
10:00–01:00 Uhr

3

Gasthaus zum goldenen Schwert in Klingenberg am Main

Das Gasthaus zum goldenen Schwert im Zentrum der unterfränkischen Rotweinstadt Klingenberg nimmt eine herausragende Stellung unter den Gasthäusern der Region ein. Im Ratsprotokollbuch aus dem Jahr 1473 findet sich bereits ein Eintrag, dass die „Herberich zu dem Schwerdt" zu allen Zeiten als Wirtschafts- und Gasthaus genutzt werden soll. Die Chronik der Stadt Klingenberg führt sogar eine Liste kirchlicher und weltlicher Würdenträger, die sich im Laufe der Jahrhuderte unter den Gästen befunden haben. Der schmale, weitgehend freistehende, dreigeschossige Schopfwalmdachbau mit Fachwerkobergeschossen wurde Ende des Mittelalters im spätgotischen Stil erbaut. Das rote Sandsteingewölbe im Erdgeschoss wurde in den Klingenberger Schlossberg getrieben, an dessen Fuß das Goldene Schwert steht. Darauf ruht das Fachwerk aus Eichenbalken, dessen Gefache mit Lehm-Stroh ausgefüllt sind. Bereits in der Frührenaissance wurden die Gasträume erweitert und nobel ausgestattet. Die letzte große Renovierung erlebte das Haus Anfang des 21. Jahrhunderts. Das denkmalgeschützte Gebäude blieb dafür knapp zwei Jahre geschlossen und wurde mit

Eines der markantesten Fachwerkhäuser Klingenbergs ist das Gasthaus zum goldenen Schwert

der notwendigen Technik eines modernen Gasthauses ausgestattet, ohne dass es dadurch etwas von seinem historisch gewachsenen Charme verloren hätte.

Seit dem Jahr 2013 führen Brigitte Leitner und Karl-Heinz Berkner die Geschicke des Traditionshauses. Die professionellen Wirtsleute kamen mit jeder Menge Erfahrung nach Klingenberg, leiteten sie vorher doch das Fünf-Sterne-Grandhotel Römerbad in Badenweiler. Im Gasthaus zum goldenen Schwert können sie ihre Liebe zur Gastronomie im etwas kleineren Rahmen ausleben. Er führt die Küche des Hauses und sie zeichnet für den Servicebereich verantwortlich. Gemeinsam bieten sie ihren Gästen eine gepflegte, gutbürgerliche Küche auf handwerklich höchstem Niveau. Dazu bekommt man im Goldenen Schwert eine große Weinauswahl von den Weingütern der Stadt Klingenberg sowie der Region, darunter natürlich auch den bekannten Klingenberger Roten.

Man betritt das Goldene Schwert durch eine massive alte Holztür. Zur Linken liegt, nicht viel größer als ein Erker, das ehemalige Küferstübchen. In dem zum Eingang hin offenen Raum steht ein runder, eleganter Holztisch mit ebenso eleganten Sitzgelegenheiten. Die Wände zieren einige gusseiserne Ofenplatten, ein Foto des Gasthauses aus den 1930er-Jahren sowie Erinnerungen der

Aus der Churfürstenstube bietet sich ein beeindruckender Blick auf die Klingenberger Altstadt

Wirtsleute an ihre Zeit im Grandhotel, wie etwa ein Foto mit dem ehemaligen Bundespräsidenten Johannes Rau. Genutzt wird der runde Tisch unter anderem von den regelmäßigen Stammtischen, die sich hier treffen, um Berkners selbstgemachte Bratwürste zu genießen und den einen oder anderen Schoppen der exzellenten Klingenberger Weine zu verkosten.

Gleich neben dem Küfnerstübchen geht es in das Sandsteingewölbe des Hauses. An dem originalen Torbogen aus rotem Sandstein sind noch gut die nachträglichen sog. Fasserweiterungen aus der Zeit zu erkennen, als dem Küfner seine Fässer größer als der Torbogen geraten waren. Dieses Problem wurde damals pragmatisch mit Hammer und Meißel gelöst. Das Gewölbe ist heute möbliert und mit einer Theke ausgestattet. Es eignet sich perfekt für Veranstaltungen mit Gruppengrößen bis zu 30 Personen,

Die Säule in der Churfürstenstube, an der einem Wirt die Hand abgeschlagen worden sein soll

wird aber auch im regulären Tagesgeschäft als Gaststube genutzt. Gerade bei sommerlicher Hitze bietet das in den Berg geschlagene Gewölbe angenehm kühle Temperaturen.

Die eigentliche Gaststube des Hauses, die Churfürstenstube, liegt über dem Gewölbe im ersten Stock. Dafür geht der Gast eine Steintreppe nach oben, bei der nicht belegt ist, ob sie überhaupt jemals erneuert wurde. Die zum Teil schon rundgetretenen Stufen zeigen jedenfalls die Spuren einer jahrhundertelangen Nutzung. Die Gaststube zeichnet sich vor allem durch ihre originale Renaissance-Stuckdecke und den atemberaubenden Blick auf die Klingenberger Altstadt aus. Dieser Blick auf das überwiegend denkmalgeschützte Ensemble der Fachwerkhäuser hat auch schon den Kurfürsten von Mainz beeindruckt, der auf seiner Reise nach Würzburg im Goldenen Schwert Station gemacht hat. Sein Wappen ist an der Stelle, an der er gesessen haben soll, in die Decke eingearbeitet. Eine schauerliche

Blick ins Sandsteingewölbe; die Treppe rechts führt hinauf zur Churfürstenstube

Geschichte wissen die Wirtsleute auch zu der hölzernen Säule zu erzählen, die in der Mitte des Raumes steht. An ihr sollen französische Soldaten einst dem Wirt des Goldenen Schwerts die rechte Hand abgeschlagen haben, als dieser sich weigerte, ihnen Wein auszuschenken. Als Erinnerung an diese martialische Tat sind die Kerben des Schwertschlags noch heute gut im Holz erkennbar. Auf einem kleinen Tischchen direkt an der Säule erinnert außerdem eine Gipshand an das Schicksal des Wirtes. Der Raum ist durch seine vielen Fenster, die weiße Wandfarbe sowie die hellgrau gestrichene umlaufende Holzvertäfelung hell und elegant. Auf unnötigen Schnickschnack wird bewusst verzichtet. Lediglich einige gerahmte Bilder hängen an den Wänden. Dafür kennen Brigitte Leitner und Karl-Heinz Berkner zu jedem historischen oder modernen Stück im Haus eine Geschichte, die sie gerne mit ihren Gästen teilen. Sie sind mit Herz und Seele Gastwirte, wohnen selbst im Stockwerk über der Gaststube und erfüllen sich mit dem Goldenen Schwert den Traum, ihre Gastronomenkarriere in einem der schönsten Weinbaugebiete Deutschlands ausklingen zu lassen. Diese freundliche, familiäre und höchst professionelle Atmosphäre vermittelt dem Gast immer das Gefühl, mit dem Gasthaus zum goldenen Schwert genau die richtige Wahl getroffen zu haben.

Gasthaus zum goldenen Schwert

Hauptstraße 33
63911 Klingenberg am Main

Telefon:
09372 / 9489861
0175 / 4548978

www.schwert-klingenberg.de

Öffnungszeiten:
täglich geöffnet,
durchgehend warme Küche
von 12:00–20:30 Uhr

Ein lauschiges Plätzchen im Sandsteingewölbe

4

Gasthof Goldner Engel in Laudenbach

Die kleine Gemeinde Laudenbach liegt im Landkreis Miltenberg am westlichen Ufer des bayerischen Untermains zwischen Miltenberg und Obernburg und grenzt an den Odenwald. Im Jahr 1250 erstmals erwähnt, gehört der Ort seit dem Jahr 1817 zu Bayern. Mitten im Dorf steht das von einem idyllischen Park umgebene, zweiflügelige Barockschloss, das zwischen 1717 und 1747 errichtet wurde. Seit 2002 befindet es sich im Besitz der Familie von Löwenstein. Abgesehen vom Schloss, ist in Laudenbach mit seinen knapp 1500 Einwohnern alles etwas kleiner und beschaulicher, sogar der namensgebende Laudenbach: Er misst von der Quelle bis zur Mündung in den Main nur etwa zwei Kilometer.

Seit dem Jahr 1939 betreibt hier die Familie von Udo Meisenzahl den überaus malerisch anzusehenden Gasthof Goldner Engel. Der zweigeschossige, steile Schopfwalmdachbau mit dem Halbwalmdachflügel, massivem Erdgeschoss, Fachwerkobergeschoss und Fachwerkgiebeln – ein Musterbeispiel für das von den Deutschen so geliebte Fachwerk – wurde vom Urgroßvater des heutigen Besitzers erworben und war damals in keinem guten Zustand. In den schwierigen Kriegsjahren arbeitete der gelernte Schreiner mit den dürftigen zur Verfügung stehenden Mitteln an der Wiederherstellung des Gebäudes. Noch heute gehen die meisten Holzarbeiten am Haus auf das handwerkliche Geschick des Schreiners zurück. 1961 erfolgte eine erneute Renovierung.

Links: Auf dem alten Kachelofen werden edle Brände präsentiert

Der Goldne Engel kann auf eine rund 360-jährige Geschichte als Wirtshaus zurückblicken, die im Würzburger Staatsarchiv urkundlich belegt ist. Das ursprünglich deutlich kleinere Eckhaus soll sogar bereits 1596 errichtet worden sein. Nach dem Zweiten Weltkrieg kamen langsam wieder Urlauber nach Bayern, die als Pioniere des Fremdenverkehrs den Goldnen Engel als Herberge und Wirtshaus für sich entdeckten. Mittlerweile war das Haus in den Besitz von Meisenzahls Großeltern übergegangen. Während die Großmutter als Köchin mit ihren Rezepten die Gäste verwöhnte, stand der Großvater als gelernter Metzger in der hauseigenen Metzgerei und begründete damit eine Tradition, die die Meisenzahls bis heute fortführen. Die im vorderen Teil des Hauses gelegene Metzgerei wurde bereits mehrfach ausgezeichnet.

1975 übernahm Meisenzahls Vater den Betrieb, bevor 1997 sein Sohn Udo Chef des Hauses wurde. Der gelernte Koch steht zusammen mit seinem Sohn, der den Betrieb in fünfter Generation weiterführen wird, der Küche vor. Gemeinsam bieten sie den Gästen des Hauses eine bodenständige fränkische Küche mit mediterranen Einflüssen und Inspirationen. Neben den Erzeugnissen aus der eigenen Metzgerei verarbeitet man frischen Fisch von der französischen Küste sowie Gemüse, Pilze, Obst, Wild, Geflügel, Lamm und vieles mehr, nicht nur aus der nahen Umgebung, sondern auch aus den Markthallen in Paris. Diese Mischung aus traditionell fränkischer und leichter mediterraner Küche wurde beispielsweise vom Gault-Millau, vom Feinschmecker und vom Guide Mi-

Unten: Der Nebenraum überzeugt durch seine Eleganz

chelin ausgezeichnet. Dazu lagern über 200 der besten Frankenweine sowie ausgesuchte Qualitätsweine aus Frankreich, Italien, Spanien, Kalifornien und Australien im Keller des Hauses.

Genau wie der Stil der Küche, ist auch die Einrichtung des Hauses eine gelungene Mischung aus gewachsener fränkischer Tradition und moderner Eleganz. Bei den jüngsten Arbeiten am Haus Anfang 2015 wurde darauf geachtet, möglichst viel historische Substanz zu erhalten. So prangt in der Gaststube ein alter Kachelofen, der der Präsentation zahlreicher Edelobstbrände und Schnäpse dient. Das Fischgrätparkett, die umlaufende Holvertäfelung und die sorgfältig aufgefrischten Zierbalken an der Decke sind das Werk des Urgroßvaters. Dieser hängt als Ölporträt verewigt an der Wand. Neben den namensgebenden Engeln fallen etwa 30 Ölgemälde ins Auge. Ein Laudenbacher Maler hatte damit einst bei der Großmutter seine Schäufele und Schoppen bezahlt.

30 Personen finden im Gastraum und dem direkt anschließenden Nebenraum an den massiven Holztischen Platz. Während im großen Gastraum die Farben Rot und Weiß dominieren, ist der Nebenraum in Weiß-Gold gehalten. Neben den Gasträumen steht im oberen Stockwerk der umgebaute ehemalige fränkische Tanzsaal mit rund 40 Plätzen für Veranstaltungen und das Tagesgeschäft zur Verfügung.

Die hervorragende Küche und die liebevoll kultivierte fränkische Atmosphäre ziehen seit jeher Menschen unterschiedlichster Couleur in den Goldnen Engel. Ob Mitglieder der regional ansässigen Adelsgeschlechter, Schauspieler wie Evelyn Hamann und Günter Strack, Touristen oder Einheimische: Sie alle genossen und genießen die Vorzüge des sympathischen Familienbetriebs.

Gasthof Goldner Engel

Miltenberger Str. 5
63925 Laudenbach am Main

Telefon: 09372 / 99930

www.goldner-engel.de

Öffnungszeiten:
täglich
11:30–14:00 Uhr
17:30–21:00 Uhr
Warme Küche
12:00–14:00 Uhr
18:00–21:00 Uhr
Ruhetag: Mittwoch

5

Weingut-Gasthaus zur Bretzel in Grossheubach

Das Gasthaus zur Bretzel in Großheubach ist ein traditionelles Dorfgasthaus aus dem 17. Jahrhundert. Seine Geschichte wird seit mehr als 100 Jahren von der Familie des heutigen Besitzers Karlheinz Stock geprägt. Das 1646 erstmals erwähnte Haus wurde von Ururgroßvater Aquilin Straub erworben, der 1879 in die USA auswanderte und es deshalb wieder verkaufte. 1903 kehrte er nach Deutschland zurück und brachte das Gasthaus erneut in Familienbesitz. Zusätzlich kaufte er ein Jahr später Teile eines Wein- und Apfelberges und legte damit den Grundstock für die Weinbautradition der Familie und gleichzeitig für die lange Geschichte der Bretzel als Weinstube und Gasthaus.

Nach dem Tod Straubs kam sein 1887 in den USA geborener Sohn Franz Josef nach Großheubach, um seiner Mutter im Betrieb zu helfen. Wenige Jahre später übernahm er die Leitung des Gasthauses und erweiterte die Landwirtschaft der Familie. In den 1930er-Jahren setzte in Großheubach ein reger Touristenstrom ein, der auch in der Bretzel willkommen geheißen wurde. Die guten Verbindungen in die USA bescherten dem Haus sogar regelmäßig Gäste aus Übersee. 1968 ging der Gasthof in den Besitz von Almida Straub, Karlheinz Stocks Mutter, über. Leider reichte das Einkommen der Familie in jener Zeit nicht aus, um in das Haus zu investieren. Schon 1965 wurde daher die Bewirtschaftung der Zimmer aufgegeben. Die ausgezeichnete fränkische Küche

glich dies aber aus, und Schwartenmagen, Presssack, Schinken, Rot- und Leberwürste sowie der Handkäse aus der hauseigenen Produktion machten die Bretzel über die Grenzen Großheubachs hinaus bekannt. Gemeinsam mit ihrem Mann Karl Stock führte Almida den Familienbetrieb weiter, bis ihr Sohn, Winzermeister Karlheinz Stock, ihn 1985 zunächst pachtete und dann 1989 in vierter Generation kaufte.

Eine neue Zeitrechnung begann damit für das altehrwürdige Gasthaus. Stock restaurierte das baufällige Gebäude und riss 1992 die Scheune ab, um auf den historischen Grundmauern eine moderne Kelterhalle, eine Brennerei, sechs Gästezimmer sowie zwei Gruppenlager für Wanderer und Radtouristen zu errichten. Unter seiner Führung wurde die Bretzel somit wieder zu einem richtigen Gasthaus. Im Laufe der Jahre kam ein Stellplatz für gut 25 Wohnmobile hinzu, ein nicht unwesentlicher Faktor für den Fremdenverkehr in Großheubach.

Besonders in den Sommermonaten locken die zahlreichen Freisitze in die Bretzel. Bis zu 80 Personen finden hier Platz, zum Teil vor Wind und Wetter geschützt in einem hölzernen Terrassenbau des Sommergartens. Mit den großen, aufschiebbaren Fenstern werden die überdachten Plätze mit eigener Außentheke auch bei bestem Wetter gerne genutzt. Requisiten aus der langen Tradition des Weinbaus zieren den Hof, etwa eine hölzerne Presse, Teile einer alten Destille oder ein altes Weinfass, das als origineller Blumentopf dient.

Die Gaststube der Bretzel ist ein stimmungsvoller Raum mit Holzvertäfelung, Tragbalken, Holzboden und einem 100 Jahre alten Kachelofen. Das massive Holzmobiliar, die für die Region typische

Vorhergehende Seite: Die Armaturen der hauseigenen Brennerei. Links: In der Gaststube wird bodenständige fränkische Küche serviert

Dekoration mit Bocksbeuteln und anderen Weinflaschen sowie die Erinnerungsstücke an die Familienhistorie machen aus dem Raum eine einladende, ländlich-fränkische Traditionsgaststube für rund 55 Personen.

Neben der Gastwirtschaft betreibt Karlheinz Stock auf rund zwei Hektar seinen eigenen Weinbau sowie eine erfolgreiche Edelobstbrennerei. Traditionelle Rebsorten wie Silvaner, Riesling, Bacchus, Müller-Thurgau, Portugieser und Spätburgunder haben in seinem Weingut ideale Wachstumsbedingungen und sorgen im Zusammenspiel mit den Kelterkünsten Stocks für einen exzellenten Wein im gehobenen Segment. Auszeichnungen mit der Frankenweinmedaille in Gold, Silber und Bronze belegen dies eindrucksvoll. Und auch die eigenen Brände brauchen keine Konkurrenz zu scheuen. Wer sich in der Bretzel nach einem traditionellen fränkischen Essen einen Schnaps gönnt, der genießt ein vom fränkischen Klein- und Obstbrennereiverband ausgezeichnetes Produkt. Gerne erklärt Stock seinen Gästen beim Brennen das Verfahren und die Qualität seiner Brände. Die Kelterhalle dient sowohl als Arbeitsraum zum Produzieren und Abfüllen des Weins als auch als gemütlicher Ort für Weinverkostungen und Veranstaltungen jeder Art mit Platz für bis zu 60 Personen. Von Dezember bis April kann man den Wein auch in der hauseigenen Heckenwirtschaft genießen. Perfekt passt dazu der Kochkäse, der im Laufe der Jahre den Handkäse des Hauses abgelöst hat.

Die bodenständige Küche schätzen nicht nur die Touristen, sondern in großem Maße auch die lokalen Stammgäste des Hauses. Jeden Sonntag ist in der Bretzel Frühschoppen angesagt – ein Ereignis, das Ortsfremde und Einheimische schnell und unkompliziert zusammenführt. Ein Moment, wie er in der Bretzel schon seit Jahrhunderten zelebriert wird.

Weingut-Gasthaus zur Bretzel

Kirchstraße 1
63920 Großheubach

Telefon: 09371 / 2824

www.weingut-bretzel.de

Öffnungszeiten:
Mi.–Sa. ab 16:00 Uhr
Sonn-/Feiertage ab 10:00 Uhr
Ruhetage April–Oktober:
Montag, Dienstag
Ruhetage November–März:
Montag–Donnerstag

6

Gasthaus zur Krone in Grossheubach

Der Markt Großheubach im unterfränkischen Landkreis Miltenberg wird von den Ausläufern von Spessart und Odenwald eingerahmt und liegt am Ostufer des Mains. Sehenswürdigkeiten sind das 1612 in altfränkischer Fachwerkbauweise errichtete Rathaus sowie das über dem Ort auf dem Engelberg thronende Franziskanerkloster Engelberg.

Die Anfänge des Klosters lassen sich bis zum Beginn des 14. Jahrhunderts zurückverfolgen, wobei ein noch heute zu besichtigender „Hünenstein", ein mehrere Meter hoher Sandsteinfelsblock mit künstlichen Vertiefungen, darauf schließen lässt, dass sich hier bereits sehr viel früher eine heidnische Kultstätte befunden hat. Zu erreichen ist das Kloster über die 612 sogenannten Engelsstaffeln (Stufen) aus Buntsandstein.

Am Fuße der Engelsstaffeln, am Engelbergweg, liegt das Gasthaus zur Krone der Familie Restel. Das genaue Erbauungsdatum des als Bauernhaus errichteten dreigeschossigen Halbwalmdachbaus ist nicht bekannt. 1857 kaufte Franz Josef Speth das Haus und machte es erstmals zur Wirtschaft. Den prächtigen Wirtshausausleger erwarb Speth vom damaligen Kronenbesitzer, der seine Gastwirtschaft an anderer Stelle betrieb. Das filigran gearbeitete Wirtshausschild der Krone steht heute unter Denkmalschutz und wird auf die zweite Hälfte des 17. Jahrhunderts datiert.

Im Jahr 1969 erwarben Siegfried und Rosemarie Restel das Haus, seither ist es im Besitz der Familie. Heute sind Sohn Ralf und seine Frau Niki Restel für das Haus und seine Gäste verantwortlich. Gemeinsam führen der gelernte Koch und die Weinsommelière den Betrieb, zu dem auch acht Doppel- und ein Einzelzimmer gehören. Kümmerte sich der Vorbesitzer neben der Gastwirtschaft auch noch um den Weinanbau, konzentrieren sich die Restels heute ganz auf die Wirtschaft. Und das mit durchschlagendem Erfolg: Nicht nur, dass sich das Haus auf rund 80 Prozent immer wiederkehrende Stammgäste verlassen kann, es wurde vom österreichischen Wein- und Gourmetjournal „Falstaff" 2015 auch zu einem der besten Gasthäuser Deutschlands gewählt. Ralf Restel bietet seinen Gästen eine gehobene Küche von regionalen Spezialitäten wie Kotelett vom Schwäbisch-Hällischen Landschwein mit Wirsinggemüse und Salzkartoffeln bis hin zu internationalen Köstlichkeiten wie Jakobsmuscheln und Riesengarnelen auf Safranrisotto und grünem Spargel. Die Zutaten stammen, soweit möglich, aus der Region, und für die Qualität des Fleisches bürgt Restels Onkel mit seiner eigenen Metzgerei. Dazu kredenzt Niki Restel die passenden Weine aus der Region.

Grundlage für den Erfolg ist eine große Renovierung, die im Jahr 1985 begann und immer wieder fortgesetzt wurde. Heute besticht das Wirtshaus zur Krone in der großen Gaststube, der Wirt-

Sammlerraritäten schmücken die Gaststube

schaft, mit hellem Massivholzmobiliar, einer umlaufenden Sitzbank und in der Dekoration mit viel Liebe zum Detail. Kleine Kronen stehen zusammen mit dezentem Blumenschmuck auf den Tischen, und handgeschnitzte Holzfiguren eines Schnitzkünstlers aus Großheubach, bei dem Inhaber Ralf Restel als Kind seine ersten Schnitzversuche machte, hängen an der Täfelung. Abgerundet wird die Dekoration der Gaststube durch Sammlerraritäten der Puppenkünstlerin Anette Himstedt sowie einigen Ölbildern eines Großheubacher Künstlers. Die direkt anschließende Klosterstube verdankt den Namen ihrer Ausrichtung zum Kloster Engelberg hin. Von der Renovierung weniger beeinflusst, dominiert hier dunkleres Holz. Der dritte Gastraum, die nach dem Schutzheiligen der Winzer benannte Urbanusstube, wird heute vorzugsweise als Früh-

Schnitzfigur des heiligen Urban, Patron der Winzer

Unten: Besonders filigran gearbeitet ist der Ausleger mit der Krone

stücksraum für die Übernachtungsgäste oder für kleinere Gruppen genutzt. Eine große, geschnitzte Figur des Heiligen in einer Ecke der Holvertäfelung zieht hier sofort die Blicke auf sich. Insgesamt finden in den Gasträumen der Krone rund 100 Personen Platz.

Was die Krone aber unverwechselbar macht, sind die Freisitze, die ebenfalls für etwa 100 Gäste ausgelegt sind. Auf der Terrasse spenden große Schirme an jedem Sitzplatz angenehmen Schatten. Über wenige Stufen gelangt man in den Hof, wo wilder Wein und Kiwis für Schatten sorgen. Das vielgepriesene warme Klima der Weinregion lässt die Kiwi sogar Früchte tragen, sodass die Küche der Krone nach der Ernte tatsächlich Kiwi aus hauseigenem Anbau anbieten kann, und zwar am liebsten in Form eines Sorbets, wie Niki Restel erzählt. Neben Terrasse und Hof steht für große Feiern und Veranstaltungen dann außerdem noch die ausgebaute Scheune zur Verfügung. Sie wird auf Anfrage extra hergerichtet und bietet genügend Platz für rund 60 Personen.

Gleichgültig, ob Sie eine große Feier planen, in einer kleinen Gruppe den Fränkischen Rotwein Wanderweg erkunden, der zwischen Großwallstadt und Bürgstadt durch Großheubach führt, oder zum alten Franziskanerkloster pilgern – das Gasthaus zur Krone bietet immer das perfekte Ambiente und den dazu passenden Wein.

Gasthaus zur Krone

Miltenberger Straße 1
63920 Großheubach

Telefon: 09371 / 2663

www.gasthauskrone.de

Öffnungszeiten:
Dienstag–Sonntag
11:00–14:00 Uhr
17:00–21:30 Uhr
Freitag
17:00–21:30 Uhr
Ruhetag: Montag

7

Hotel Weinhaus Stern in Bürgstadt

Das beschauliche Örtchen Bürgstadt liegt mit seinen rund 4600 Einwohnern geographisch zwischen dem Odenwald und dem Spessart an der Mündung der Erf in den Main. Die erste urkundliche Erwähnung des Ortes geht auf das Jahr 1181 zurück. Obwohl Bürgstadt bis ins 18. Jahrhundert Zentgrafensitz war (der Zentgraf war der herrschaftliche Beamte, der einem Zent- oder Hochgericht vorstand), verlor der Ort bereits im Mittelalter zunehmend seinen Einfluss an das strategisch günstiger liegende Miltenberg in direkter Nachbarschaft. Heute liegt Bürgstadt am Ende des Fränkischen Rotweinwanderwegs und gilt als eines der bekanntesten Rotweinanbaugebiete des Landes. Vor allem Spät- und Frühburgunder wachsen auf dem Buntsandsteinboden zu vielfach prämierten Weinen heran.

In der langen Weintradition des Ortes steht auch das Hotel Weinhaus Stern. Der malerische Walmdachbau mit breiter, geschieferter Walmgaube hat einen Unterbau aus Buntsandstein und

darüber ein Fachwerkobergeschoss. 1982 übernahm Heidi Martin das Haus zur Pacht, vier Jahre später kaufte sie es. Ihr Bruder Klaus Markert steht ihr zur Seite und leitet die Küche mit großem Erfolg: Zahlreiche Auszeichnungen, unter anderem vom Guide Michelin oder Gault-Millau, zeugen von der exzellenten Führung des Hauses. Von bodenständigen fränkischen Gerichten bis zur Feinschmeckerküche bietet der Stern heute eine breite kulinarische Palette. Bis es allerdings so weit war, hatte das zweigeschossige Fachwerkhaus eine bewegte und lange Geschichte hinter sich zu bringen.

Diese Geschichte beginnt vermutlich vor fast 500 Jahren. Eine Inschrift im Kellerabgang spricht von einem Besitzer Hans Schneider und ist auf das Jahr 1524 datiert. Später im 16. Jahrhundert ist dann ein Nachfahre Schneiders in der Matrikel der Pfarrei Bürgstadt bereits als Gastwirt eingetragen. Heute gilt das Jahr 1638 als ältester Beleg für das Gasthaus; die Zahl findet sich in dem denkmalgeschützten Ausleger des Hauses unterhalb des Sterns. Die durchgehende Nutzung als Gasthaus über die Jahrhunderte wird vor allem durch die Erwähnung der jeweiligen Wirte in den Matrikelbüchern Bürgstadts bestätigt. 1667 wird erstmals ausdrücklich ein „Sternwirt" genannt.

Anfang des 19. Jahrhunderts begann die Zeit der Familie Schäfer im Gasthaus Stern. Sie machte es zu einem zentralen Ort der Geselligkeit in Bürgstadt – mit Tanzmusik und vielen weiteren

Der großzügige und freundlich Gastraum

Vergnügungen der damaligen Zeit. 1904 errichteten die Schäfers neben dem Haupthaus einen hölzernen Anbau. Diese überdachte Gartenwirtschaft war zunächst nur durch eine offene Fachwerkkonstruktion von der Straße abgegrenzt. Da diese Offenheit lediglich eine eingeschränkte Nutzung im Jahreslauf zuließ, wurden 1935 schließlich die Gefache teilweise zugemauert bzw. große Fenster in die Öffnungen gesetzt, wodurch der großzügige Gastraum entstand, der noch heute den Hauptraum des Restaurants bildet. Die Schäfers galten zu dieser Zeit als hervorragende Winzerfamilie in Franken und schenkten in ihrer Wirtschaft als Spezialität den eigenen Frühburgunder aus. Bereits 1928 hatten sie mit dem erstmals in Deutschland gewerblich verkauften Müller-Thurgau für Furore gesorgt.

1980 verstarb die letzte Besitzerin des Sterns aus der Familie Schäfer, und die Gemeinde erwarb das Anwesen. Sie installierte eine moderne Gasthausküche und baute die Hofdurchfahrt zum heutigen Eingangsbereich mit Hotelrezeption um. Nach Abschluss dieser Arbeiten pachtete Heidi Martin das Gasthaus.

Seit 1986 betreiben die gelernte Hotelfachfrau und ihr Bruder das Hotel und die Gastwirtschaft. In der Folgezeit wurden die Gebäude, die Gastwirtschaft und die Hotelzimmer immer wieder reno-

Die Gartenterrasse wird von Rebstöcken beschattet

viert und geschmackvoll um- und ausgestaltet. Im großen Sterngarten errichteten die Martins einen schmucken Fachwerkbau aus altem Baumaterial. Hier betreibt der Gatte der Besitzerin ein Antiquitätengeschäft – eine Beschäftigung, die sich auch in der Ausstattung und Dekoration der Gasträume und der modernen Hotelzimmer widerspiegelt. Sorgfältig restauriert und liebevoll gepflegt, tragen Schränke, Kommoden, Truhen und vieles mehr zur Atmosphäre des Sterns bei.

In der großen Gaststube, der ehemaligen Gartenwirtschaft, finden mehr als 40 Personen Platz. Obwohl der gesamte Raum von einer etwa 1,70 Meter hohen, dunklen Holzvertäfelung beherrscht wird, wirkt er hell und einladend. Grund dafür sind die großen Saalfenster, durch die das Licht den Raum flutet. Die Mitte des Raumes dominiert ein altes Weinfass, auf dem hausgemachte Edelobstbrände oder die selbstgemachten Fruchtaufstriche, wie Oma Mathildes Zwetschgenaufstrich, präsentiert werden. Nach hinten geht es auf die Gartenterrasse hinaus, wo noch einmal rund 40 Gäste, von Weinreben beschattet, die exzellente Küche des Sterns und dazu das passende Tröpfchen aus dem bestens sortierten Weinkeller genießen können. Perfekte Voraussetzungen also, um hier eine ‚Sternstunde' unterfränkischer Wirtshauskultur zu erleben – oder auch gleich mehrere!

Hotel Weinhaus Stern

Hauptstraße 23–25
63927 Bürgstadt

Telefon: 09371 / 40350

www.hotel-weinhaus-stern.de

Öffnungszeiten:
Freitag–Dienstag
12:00–14:00 Uhr
18:00–14:00 Uhr
Ruhetage:
Mittwoch, Donnerstag

8

Restaurant Brauerei Keller in Miltenberg

In der Kreisstadt Miltenberg besuchen wir das Hotel-Restaurant Brauerei Keller, einen Familienbetrieb mit großer Geschichte. Miltenberg liegt idyllisch am südöstlichen Bogen des Mainvierecks zwischen Spessart und Odenwald. Hier schlossen bereits um 155 n. Chr. die Römer den nach Süden verlaufenden Vorderen Limes an den Main an. Ab etwa 1200 entwickelte sich im Schutz der Mildenburg die Stadt, die 1237 erstmals urkundlich erwähnt wird. In den folgenden Jahrhunderten entstand das heute überwiegend denkmalgeschützte Ensemble der Miltenberger Altstadt mitsamt seiner Befestigungsanlagen und Türme. Die Geschichte des Hotel-Restaurants Brauerei Keller beginnt genau hier, auf den Grundmauern einer dieser historischen Anlagen.

Im Jahr 1784 ließ der Miltenberger Magistrat das Warnmesser Tor abreißen. 1788 wurde auf dessen Fundamenten ein Eckhaus an der Ziegelgasse/Hauptstraße errichtet. 1881 erwarb der Brau-

meister Wilhelm Georg Keller das Gebäude und richtete hier eine Brauerei samt Gaststätte ein. Der Grundstein für den Familienbetrieb Keller war gelegt. Mit dem Tod des Firmengründers 1913 endete die Zeit der Brauerei. Seine Witwe Berta führte mit ihren Kindern nur den Gaststättenbetrieb weiter. 1932, in Deutschland eine Phase größter wirtschaftlicher Not, wurde für die Familie Keller zu einem richtungsweisenden Jahr. Berta Keller entschied sich trotz der schwierigen Zeiten für den Abriss der Brauerei, um ein Hotel zu errichten. Ihr gelang, was einer Witwe zur damaligen Zeit nur die wenigsten zugetraut hätten: In Eigenregie und mit umsichtiger Planung erbaute sie ein für damalige Verhältnisse fortschrittliches und komfortables Hotel, das in seiner äußeren Form so noch heute steht. Zentralheizung, fließend Warm- und Kaltwasser sowie zwei Toiletten und ein Bad auf jeder Etage waren der Luxus jener Zeit. Drei Gaststuben und ein großer Saal mit 200 Plätzen vervollständigten das Angebot des Hauses. Der Name „Brauerei Keller“ blieb erhalten. Das alles gelang, ohne einen Kredit bei der Bank aufzunehmen. In Anbetracht der Umstände eine grandiose Leistung, von der die Nachfahren von Berta Keller noch heute gerne erzählen!

1952 übernahmen Wilhelm und Ehefrau Magda Keller das Haus in zweiter Generation. Sie erwarben ein Nebengebäude an der Hauptstraße und erweiterten das Zimmerangebot des Hauses. 1969

Oben: Die Gaststube zeigt sich noch so, wie sie von Berta Keller in den 1930er-Jahren eingerichtet wurde. Rechts: Der Ausleger mit Symbolen für die Bier- und Weintradition

übernahm Theo Keller, der heutige Seniorchef, in dritter Generation zusammen mit seiner Frau Karin die Führung des Hauses. Konsequent modernisierten sie die Zimmer des Hotels. 1992 erfolgte die bislang größte Renovierung, die dem Haus sein heutiges Aussehen gab. Die Gambrinusstube und die Hotelrezeption wurden errichtet und ein Aufzug eingebaut. Seither unterliegt die Gestaltung kontinuierlichen kleineren Umbauten, wobei Familie Keller aber immer darauf achtet, die gewachsene behagliche Note des Familienbesitzes zu wahren. Seit dem Jahr 2007 führen Johannes Keller und seine Frau Bettina in vierter Generation diese Tradition fort.

Heute ist die gemütliche Gaststube das Herz des gesamten Hauses. Sie ist in ihren Grundzügen noch so, wie sie ursprünglich von Berta Keller eingerichtet wurde. Massives Holzmobiliar steht auf altem, gut gepflegtem Fischgrätparkett, an der Decke sind Tragbalken sichtbar. Und obwohl im Laufe der Jahrzehnte immer wieder einmal aufgearbeitet, ist das Mobiliar noch das Original aus den 1930er-Jahren. Die Tische sind mit individuellem Blumenschmuck arrangiert und an den Wänden hängen dekorative Zinnteller und nostalgisch anmutende Bilder. Man spürt beim Betreten der Stube sofort, dass hier schon Generationen von Miltenbergern zusammen mit Besuchern von außerhalb bei Bier, Schoppen, Brotzeit oder einem besonderen Menü beisammengesessen sind und gefeiert haben. Hier befindet sich auch der Familientisch der Kellers.

Die nebenan liegende altdeutsche Reiterstube ist der Gastraum, der sein Gesicht in den Jahren am meisten verändert hat. Anfang der 1970er wurde er von Seniorchef Theo Keller grundlegend umgestaltet. Die Bilder an den Wänden stammen allerdings noch aus der Zeit vor dem Umbau.

Alles in allem trägt die Reiterstube, wie das ganze Haus, eine klare Keller'sche Handschrift. Auch hier wurde alles in Eigenregie umgebaut. Zwei achtarmige Leuchter erhellen die Stube, die heute als Frühstücksraum genutzt wird, aber auch den perfekten Rahmen für elegante Abendessen bietet. Insgesamt sechs Holztische werden von einer umlaufenden, gepolsterten Sitzbank eingerahmt.

Den meisten Platz im Haus bieten die Gambrinusstuben. Rund 150 Personen finden hier für Familien- oder Betriebsfeste den optimalen Raum. Ein neuer Holzboden und die schlichte Dekoration geben dem hellen Saal mit seiner großen Fensterfront eine moderne Note.

Das Hotel-Restaurant Brauerei Keller bietet seinen Gästen ein üppiges Angebot an heimischen und internationalen Gerichten, für die das Haus bereits mit dem bronzenen Award der Bayerischen Küche ausgezeichnet wurde. Besonders Fisch- und Wildgerichte aus der Umgebung sind die Spezialität des Hauses, und auf der großen Weinkarte bietet Weinspezialist Theo Keller den passenden Tropfen zu jeder Gelegenheit. Dann erklingt in fröhlicher Runde vielleicht das schöne Lied vom „tiefen Keller" ...

Oben: Die Gambrinusstuben bieten Raum für größere Feiern

Restaurant Brauerei Keller

Hauptstraße 66
(Zufahrt über Ziegelgasse)
63897 Miltenberg

Telefon: 09371 / 5080

www.brauerei-keller.de

Öffnungszeiten:
Di. 17:00–21:30 Uhr
Mi.–Sa. 11:30–21:30 Uhr
So. 11:30–14:30 Uhr
Di.–So. durchgehend warme und kalte Gerichte

Gasthaus zum Ritter in Eichenbühl

Die Gemeinde Eichenbühl im Landkreis Miltenberg liegt rund sechs Kilometer östlich von Bürgstadt und Miltenberg, zwischen den Ausläufern von Odenwald und Spessart. Seit 1593 steht das Gasthaus zum Ritter an der Hauptstraße. Bereits im späten Mittelalter kehrten hier Händler auf ihren Reisen nach Augsburg oder Würzburg auf der historischen Salzstraße ein, wechselten die Tiere oder gönnten sich und ihren Gespannen eine wohlverdiente Rast. Neben dem Wirtshaus bestanden zu jener Zeit am historischen Verkehrsknotenpunkt eine Kapelle, ein Friedhof sowie ein darum geschartes Runddorf. Heute hat die Gemeinde Eichenbühl rund 2500 Einwohner, verteilt auf 15 Ortsteile.

Die über Jahrhunderte durchgehend gepflegte Tradition von Speis und Trank im Gasthof zum Ritter fand in den 1970er- und 1980er-Jahren eine Unterbrechung, als die Geschäfte schlechter liefen und das historische Gebäude nach und nach dem Verfall überlassen wurde. Schließlich erbarmte sich die Gemeinde des baufälligen Wirtshauses, doch der Plan, daraus ein Feuerwehrhaus zu machen, scheiterte glücklicherweise am Denkmalschutz.

2001 entschied sich der Eichenbühler Geschäftsmann Günther Helmstetter aus einer Laune heraus, das Traditionshaus zu kaufen. „Zu viele Erinnerungen von alteingesessenen Eichenbühler Bewohnern wären unwiderruflich verloren

Die Ritterstube mit ursprünglicher, teilweise aufgefrischter Deckenbemalung

gegangen“, erklärt er seine ungewöhnliche Entscheidung – hatte er doch bis dahin keinen beruflichen Bezug zur Gastronomie. Das zweigeschossige Fachwerkhaus bot zu jener Zeit einen traurigen Anblick. Mit einer Grundsanierung wurde es im Lauf von gut acht Jahren wieder hergestellt. Dabei zielte man darauf ab, so viel ursprüngliche Substanz wie irgend möglich zu erhalten. Auf Kunststoffe, Lacke, Kunstputze und ähnliches wurde dabei ganz bewusst verzichtet. Heute, nach Abschluss der letzten Renovierungsarbeiten, lässt sich wieder der ursprünglich sehr kleine Grundriss des Hauses erkennen, das im Laufe der Jahrhunderte immer wieder erweitert wurde. Das denkmalgeschützte Gebäude erhielt durch den Lehmputz seinen ursprünglichen Farbton zurück.

Wie weit die Tradition des Ritters zurückreicht, zeigte sich bei der Aufbesserung des alten Holzfußbodens im großen Rittersaal mit seinen gut 110 Plätzen. Dabei kamen unter den Bohlen Silbermünzen aus dem 16. und Kupfermünzen aus dem 17. Jahrhundert zu Tage – kein Schatz, aber ein Zeichen für das vergangene rege Treiben im Ritter und eine schöne kleine, private Sammlung historischer Münzen. Um die Decke zu stützen, wurden im gesamten Gebäude Träger eingezogen. Die Stützpfeiler stammen aus einer abgebrochenen Kapelle in Bad Aibling. Eine hohe rundumlaufende Holzvertäfelung und die offene Schanktheke prägen das Bild des Gastraumes. An den Wänden

Eine der Stützsäulen in der Ritterstube steht auf einem Bildstock von 1714

hängen unter anderem Kommunionbilder aus dem ausgehenden 19. Jahrhundert. Noch heute finden manche Eichenbühler darauf ihre Urgroßeltern wieder.

In einem zweiten, kleineren Raum, der sogenannten Ritterstube mit 40 Plätzen, befand sich ursprünglich die Gaststube. Hier wurde die originale Deckenbemalung freigelegt und zum Teil in ihrem über die Jahrhunderte verblichenen Zustand belassen, zum Teil von einem Kirchenmaler nachgemalt. Dadurch bekommt der Gast einen Eindruck davon, wie die Malereien ursprünglich ausgesehen haben mögen. In den Boden wurde ein Sichtfenster aus Plexiglas eingesetzt, das den Blick in den Weinkeller des Hauses ermöglicht. Einer der gusseisernen Stützpfeiler der Gaststube steht auf einem etwa einen halben Meter hohen Sandsteinblock mit einer Inschrift aus dem Jahr 1714. Wer die abenteuerliche Geschichte hören will, wie dieser Sockel in das neue Wirtshaus zum Ritter gekommen ist, kann sie sich von Pächterin Anneliese Schreiber erzählen lassen.

Seit 2014 bietet die Wirtin im Ritter ihren Gästen vom Käsebrot über Bratwürste bis zum Steak alles, was das moderne Ritterherz begehrt, natürlich auch fränkische Küche. Schnitzel, hausgemachte Bratwürste und saisonale Gerichte stehen immer auf der Karte. Der Wein stammt, wie es sich im Weinland Franken gehört, überwiegend aus den umliegenden Orten. Den Weinkeller mit seinem

stimmungsvollen Gewölbe und einem Schlussstein aus dem Jahr 1593 kann man für deftige Rittersessen buchen. Wein wird hier allerdings nicht mehr gelagert.

Wer nach einem zünftigen Essen im Gasthaus zum Ritter ein Dach über dem Kopf benötigt, der übernachtet, wie in längst vergangenen Zeiten, entweder in einem der Pensionszimmer oder bucht einen etwas ungewöhnlicheren Schlafplatz auf dem Dachboden des Hauses. Hier sind wettergeschützte Zelte mit Betten, sogenannte Ritterzelte, aufgestellt. Sie sind beispielsweise bei Radwandergruppen gefragt, die nicht den Komfort eines Hotelzimmers suchen und als Gruppe gerne beisammenbleiben möchten. Auf moderne sanitäre Anlagen muss man natürlich auch auf dem Dachboden nicht verzichten. Und so verschmilzt im Gasthaus zum Ritter die gewachsene fränkische Tradition mit den Annehmlichkeiten der Gegenwart. Nicht nur Kinder dürfen sich hier in die Zeit der edlen Ritter und fahrenden Kaufleute zurückversetzt fühlen!

Gasthaus zum Ritter

Hauptstraße 161
63928 Eichenbühl

Telefon: 09371 / 9473550

www.gasthaus-zum-ritter.de

Öffnungszeiten:
Dienstag ab 17:00 Uhr
Mittwoch–Sonntag
11:00–14:30, ab 17:00 Uhr
Warme Küche
11:30–14:30 Uhr
17:30–21:00 Uhr
Ruhetag: Montag

10

Museumsgasthof zum schwarzen Adler in Fladungen

Sie heißt natürlich nicht Emma, die Dampflok aus dem Jahre 1924, die schnaubend und prustend die Gäste aus Mellrichstadt oder einer der Haltestationen Stockheim, Ostheim, Nordheim an den alten Fladunger Bahnhof bringt; aber da gibt es tatsächlich auch noch „Alfred“, die Dampflok von 1903. 1898 wurde die Streutalbahn eröffnet, von der man sich einen wirtschaftlichen Aufschwung erhoffte. 1976 wurde der Personen-, 1987 der Güterverkehr eingestellt. Dem Zweckverband Fränkisches Freilandmuseum Fladungen und dem Landratsamt Rhön-Grabfeld ist es zu verdanken, dass seit 2000 die Museumseisenbahn „Rhön-Zügle“ wieder verkehren kann. Nach der Ankunft ergießen sich die Ströme der Fahrgäste, sofern sie nicht mit dem Auto durch das schöne Grabfeld oder über die Hochrhön hierher gekommen sind, auf das Gelände des 1990 eröffneten Fränkischen Freilandmuseums Fladungen. Auf der weitläufigen Anlage mit ihren über 20 vor dem Untergang geretteten Höfen und dörflichen Gemeindebauten lernen sie die bedrohte bäuerliche Bau- und Wohnkultur der Haßberge, des Grabfelds, des Spessarts und der Rhön kennen, bringen diese ihren Kindern und Enkeln mit eigenen Erinnerungen gewürzt näher oder zeigen ihnen, wie schrecklich alles damals war, in der guten, alten Zeit.

Links: Der Ausleger mit dem doppelköpfigen schwarzen Adler. Rechts: Auf dem Museumsgelände gibt es einen Bahnhof für das „Rhön-Bähnle“

Der Weg führt unmittelbar ins Wirtshaus, denn das ist das erste Anwesen, auf das die Ankommenden treffen. Eine große dreiflügelige Anlage empfängt uns: Linker Hand geht es in die Scheune von 1948 mit Museumsladen und Kasse. Rechts kommt man ins ehemalige Wirtshaus zum Schwarzen Adler. Ehemaliges? Das Wirtshaus stand einst in Alsleben, östlich von Bad Königshofen, war eines der drei Wirtshäuser dort, ein „Posten“, also eine Station der reitenden und fahrenden Post, erbaut 1606. Bewohnt war es bis 1987. Danach wurde es abgetragen und zwischen 1990 und 1995 am heutigen Standort wiederaufgebaut. Um es gleich zu sagen: Die Einrichtung – Lager, Küche und die Sanitäranlagen – sind neu. Auf der rechten Seite des als Gastgarten genutzten Innenhofes steht der heutige Küchentrakt, ein lang gestreckter, zweigeschossiger Fachwerkbau mit Halbwalmdach, einer hofseitigen Obergeschosslaube, das Fachwerk schlicht, mit Streben, Riegeln und Ständern. Dahinter und etwas höher ragt das stattliche Haupthaus von 1606 auf, im Obergeschoss 1798 umgebaut, aber das macht nichts, weil das Obergeschoss ohnehin nicht zugänglich ist und vom Museum genutzt wird.

Es lohnt sich, außen herumzugehen und das alte Haus von allen Seiten anzuschauen, wie es auf seinem Sandsteinquadersockel steht, mit seinem strengen Fachwerk, mit den Fuß- und Kopfstreben, dem Rähm und der Schwelle und wie die Bestandteile des Fachwerks halt so heißen. Und schließlich stößt senkrecht auf das alte Haus der junge Tanzsaal von 1908 mit seinem dünnen, schematisch-trockenen Fachwerk über dem Keller.

Hinein geht es über einen erhöhten Gang im Winkel zwischen Haus und Saal, denn der Kellersockel hebt das Erdgeschoss empor, stelzt es, wie die Fachleute sagen. Zuerst der Vorraum, Diele, Ern, Vorhaus oder Fletz – jede Landschaft hat dafür einen anderen Namen. Nach rechts geht's in die Küche, aber nicht für uns – ab nach links in die Schänke! Die Gaststube mit ihren 20 Plätzen besteht fast ganz aus Holz. Obwohl sie zum Bedauern der Museumsleiterin Dr. Sabine Fechter

Fränkisches Freilandmuseum Fladungen

In der Nachkriegszeit erlebte die Landwirtschaft einen ihrer größten Umbrüche: neue Produktionsformen, große Maschinen wie Mähdrescher für die viel größeren Produktionsflächen, die Aufgabe der Dreifelderwirtschaft, Monokulturen, steigender Wohnkomfort – alles das führte

vielerorts zur radikalen Veränderung, wenn nicht gar Zerstörung jahrhundertelang gewachsener Siedlungs- und Hofstrukturen. Um die letzten, vom Untergang bedrohten Zeugnisse ländlicher Bau-, Lebens- und Wohnkultur zu retten, entstanden seit den 1970er-Jahren Freilandmuseen, in die ganze vom Abbruch bedrohte Höfe, aber auch Einzelbauten mitsamt ihrer Einrichtung übertragen und dort wiederaufgebaut wurden. Hand in Hand damit gingen Dokumentationen, Forschungen und Bauaufnahmen, die erstmals die im Schwinden begriffenen

Hauslandschaften gründlich erforschten. Ein ungewollter Nebeneffekt war, dass schließlich allzu oft Höfe oder Bauernhäuser als Museumssammelgut angesehen und leichtfertig und schnell aufgegeben wurden.
Heute sehen die Freilandmuseen ihre Aufgabe nicht in erster Linie darin, einzusammeln, sondern Abbrüche zu verhindern und die Bauten vor Ort zu erhalten. Dabei helfen Fortbildungen für Bauhandwerker ebenso wie die Beratung von Eigentümern und intensive Öffentlichkeitsarbeit. Forschung, Bewahrung und öffentliche Präsentation bleiben die vordringlichen Aufgaben der Freilandmuseen.
Das Fränkische Freilandmuseum in Fladungen, dessen Schwerpunkt die vorindustrielle bäuerliche Bau- und Lebenskultur im Grabfeld, in den Haßbergen, in der Rhön und im Spessart bildet, ist das jüngste der von öffentlicher Hand betreuten Freilandmuseen in Bayern. Eröffnet wurde es 1990, in 25 Jahren ist der Bestand auf über 20 Hofstätten mit einer großen Bandbreite der unterschiedlichsten Bauten samt ihrer Wohn- und Lebenskultur gewachsen. Getragen wird es vom Zweckverband Fränkisches Freilandmuseum Fladungen. Zu erreichen ist es entweder mit dem Auto oder von Mellrichstadt mit dem Museumszug „Rhön-Bähnle“.

Fränkisches Freilandmuseum Fladungen
Bahnhofstraße 19, 97650 Fladungen
Telefon: 09778-91230, www.freilandmueseum-fladungen.de
Öffnungszeiten: 1. April–8. November täglich 9:00–18:00 Uhr, letzter Einlass 17:00 Uhr
Ruhetag: Montag (im April, Oktober und November)

weitgehend rekonstruiert werden musste, ist sie dennoch ein Ort zum Wohlfühlen. Hier sitzen wir in einer Bohlenstube: Boden, Wände, Decken, alles aus Holz. Energetisch vorteilhaft zu bauen, verstand man damals durchaus. Nach links folgt die kleine Stube mit ihren Fachwerkwänden und den beiden kleinen Fenstern; mehr als 12 bis 15 Gäste passen beim besten Willen hier nicht hinein. Gegenüber geht es in die alte Schankstube, heute Spielzimmer für die ganz kleinen Gäste, aber noch mit dem Abgang in den Bierkeller und mit dem Brett, an dem auf Stecken die

Stammkrüge hingen. Und schließlich der Tanzsaal von 1908 mit der Musikbühne, Fensterumrahmungen, Schablonenmalereien, Hirschgeweihen, dem gewaltigen Messingleuchter – zum Niederknien! Hier bringt man dann schon 80 bis 120 Leut' unter. Das Mobiliar ist ein sympathisches Durcheinander von alt und neu, wie das eben in einem Museum möglich ist. Man findet sich und seine eigene Erinnerung überall wieder: am Ahorn- wie am Linoleumtisch.

Das damals abgewirtschaftete Wirtshaus steht seit 2009 unter der Leitung der beiden Fladunger Schwäger Marco Hepp und Marcel Scheuer, der eine Kaufmann, Mädchen für alles, Koch aus Leidenschaft, ein Mensch der Öffentlichkeit, der andere Küchenchef, Koch, eher ein segensreiches Dasein im Verborgenen. Diese Kombination hat dem Schwarzen Adler zu neuen Höhenflügen, den Wirten zu Erfolg und der Museumsleitung zur Beruhigung über die Zukunft des Wirtshauses verholfen.

Marco Hepp ist von sympathischer Ehrlichkeit. Klar – regional kochen alle, hier eben die fränkisch-rhönerische Küche. Es gibt keine Geschmacksverstärker, keine Aromastoffe – wichtig für Allergiker –, aber Biofleisch ist die Ausnahme. „Wenn ich an manchen Tagen 400 Essen ausgebe, kann mir das kein Bio-Betrieb liefern. Bisweilen braucht man eben Masse." Das Wild kommt aus dem heimischen Wald, nicht freiwillig, versteht sich, und jedes Tier wird restlos und vollständig verarbeitet. Heraus kommt selbst gemachte Bratwurst, Wurst, Schinken, Schnitzel, Sülze. Das Geflügel stammt immer aus artgerechter Haltung. Beliebt – sonst wären wir nicht in Franken – sind die frischen Schäufele, die es nur sonntags gibt. Die Tagesgerichte entsprechen der Jahreszeit, und

Unten: Die kleine Stube zeigt auch im Inneren die Fachwerkkonstruktion

hier darf es dann auch mal Bio sein; schön ist die Auswahl an Vegetarischem. In der Saison muss man allen Geschmäckern etwas bieten – das Museum hat immerhin 60 000 Besucher –, auch solchen, die wenig Zeit mitbringen.

Außerhalb der Saison, wenn das Museum geschlossen ist, kommt im Schwarzen Adler die Zeit der Genießer, die Zeit haben. Dann können die Wirte ihren Hang zum exzellenten, außergewöhnlichen Essen so richtig ausleben. Der einzige Wermutstropfen unter den selbst angesetzten Likören: Es gibt keine Übernachtungsmöglichkeit. Einer also muss nüchtern bleiben!

Zum schwarzen Adler

Aumühlweg
97650 Fladungen

Telefon: 09778 / 661

www.schwarzer-adler-fladungen.de

Öffnungszeiten:
(etwas kompliziert, daher genau lesen!)
1. April–31. Oktober: tägl. warme Küche 11:30–21:00 Uhr
1. November–31. Dezember und 16.–31. März: Mittwoch–Freitag ab 17:00 Uhr, Wochenende und Feiertag: ab 11:00 Uhr
1. Januar–15. März geschlossen; geöffnet auf Anfrage
Ruhetag (April und Oktober): Montag

11

Die Klostergaststätte auf dem Kreuzberg

Das Kloster Kreuzberg liegt im Landkreis Rhön-Grabfeld am Westhang des namensgebenden Kreuzbergs in einer Höhe von 864 Metern. Es befindet sich im Besitz des Franziskanerordens. 70 bis 80 Wallfahrten werden noch jedes Jahr zum „Heiligen Berg der Franken“ unternommen. Insgesamt zählt man über eine halbe Million Besucher jährlich. Der verschachtelte Gebäudekomplex mit seinen originellen Gasträumen zieht auch viele Besucher aus dem nahen Hessen an, dessen Grenze nur sechs Kilometer Luftlinie vom Kloster entfernt verläuft. Der Kreuzberg diente wohl schon in vorchristlicher Zeit als Kultstätte. Bereits im Mittelalter gab es ein Wallfahrerkreuz; der berühmt-berüchtigte Würzburger Fürstbischof Julius Echter von Mespelbrunn ließ 1582 drei Kruzifixe errichten. 1598 entstand eine erste Kapelle, der Berg führte fortan den Namen „Kreuzberg“. Der heutige Kreuzweg mit seinen 12 Stationsaltären wurde 1710 angelegt und sollte nach der Vorstellung der Franziskaner den biblischen Jerusalemer Kreuzweg erlebbar machen. Zum Kreuzweg, der als einer der ältesten Deutschlands gilt, gehören eine Grabkapelle sowie eine monumentale Golgatha-Gruppe.

Unter Fürstbischof Philipp von Dernbach wurde ab 1681 mit dem Neubau von Kirche und Kloster begonnen, die Weihe fand 1692 statt. Die Kirche entspricht dem franziskanischen Typ einer Saalkirche mit

Das Hochzeitszimmer im Fürstenbau

einem Dachreiter statt eines Turms. Der Hochaltar, der nahezu die gesamte Stirnseite des eingezogenen Chors ausfüllt, thematisiert die Kreuzigung. Oberhalb des frühbarocken Sprenggiebelportals ist das dreigeteilte Allianzwappen dreier Würzburger Fürstbischöfe angebracht. Die eigentlichen Klostergebäude schließen sich westlich der Kirche an und sind mit dieser unmittelbar verbunden. Vom im Norden gelegenen Klosterparkplatz stößt man jedoch zunächst auf das Bruder-Franz-Haus, in dem 2008 ein Informationszentrum mit Ausstellungen zum religiösen Hintergrund der Wallfahrten und des Franziskanerordens eröffnet wurde.

Der Kernkomplex des Klosters besteht aus Franziskus-, Fürsten- und Marienbau. In der nordöstlichen Gebäudeecke des 1706 vollendeten Fürstenbaues befindet sich das heutige Hochzeitszimmer, welches für standesamtliche Trauungen eine stimmungsvolle und intime Räumlichkeit bildet. Dies ist vor allem der beeindruckenden, üppigen Deckenstuckierung mit dem zentralen Wappen des Fürstbischofs Johann Philipp von Greiffenclau zu verdanken.

Während Klosterkirche und Franziskusbau sich heute in ihrem äußeren Erscheinungsbild noch weitgehend bauzeitlich-authentisch präsentieren, ist der Fürstenbau im späten 19. Jahrhundert nach Westen verlängert worden; im Klosterhof entstanden ebenso Veränderungen. War das späte 19.

Jahrhundert noch auf Ergänzen und Historisieren ausgerichtet, so sind die Jahrzehnte nach dem Zweiten Weltkrieg wenig gnädig mit historischer Bausubstanz umgegangen, was sich insbesondere im Innenbereich der Klostergebäude widerspiegelt.

Im seinerzeit wesentlich kleineren Marienbau befand sich seit 1731 die Klosterbrauerei, seit den 1950er-Jahren wurde das Gebäude dann nach Süden erheblich erweitert und umgebaut, doch unter Beibehaltung der sandsteinernen Fenstergewände und Eckverzahnungen. Der sich südlich daran anschließende Antoniusbau mit seinem erst jüngst ausgebauten Wintergarten dient als Speisesaal für Gäste und Pilger und ist zeitweise auch Veranstaltungsort. Das Gebäude stammt ebenfalls aus den 1950er-Jahren und fügt sich mit seinen großenteils aus Basalt-Polygonalmauerwerk bestehenden Außenwänden recht harmonisch in das Gesamtbild ein. Zur Schaffung weiterer Übernachtungsmöglichkeiten wurde 2007 der in dominierender Höhenlage gelegene ehemalige Berggasthof Hohn vom Kloster übernommen und umgebaut. Der mächtige Mansardwalmdachbau trägt zum Andenken an den letzten franziskanischen Braumeister jetzt den Namen Elisäus.

Mit Gründung der Brauerei 1731 nahm die Gastronomie ihren Anfang, doch wechselten Phasen der Hochzeit mit denen einer drohenden Schließung von Kloster und angeschlossener Gastronomie. Ab der Mitte des 20. Jahrhunderts setzte dann ein dauerhafter Aufschwung ein. Eine inzwischen hochmoderne Küchenanlage steht für die Versorgung der bis zu 600 000 jährlichen Besucher zur Verfügung, dazu gesellen sich etwa 10 000 Pilger. Seit Jahrhunderten ist man dem Grundsatz der Gleichbehandlung treu geblieben. Es gibt daher keine Reservierungen, jeder muss seine Speisen und Getränke selbst von der Theke abholen. Erst vor kurzem haben die sechs Franziskaner, die noch im

Kloster leben, die Leitung einer Geschäftsführerin übergeben. Wenn es das Wetter zulässt, sollte man seine Speisen im stimmungsvollen Klosterhof, der von Kirche, Franziskus- und Fürstenbau dreiseitig umgrenzt wird, einnehmen oder den nördlich vorgelagerten Biergarten aufsuchen. Doch wo auch immer man sich niederlässt: Das selbstgebraute, süffige Kreuzbergbier schmeckt überall!

Das Ambiente der drei Gaststuben lädt zum Verweilen ein und nicht wenige der Besucher sind regelmäßig wiederkehrende Stammgäste. Die deftige bayerische Küche zu annehmbaren Preisen lässt niemanden hungrig zurück. Insbesondere Radfahrergruppen, die einen nicht unerheblichen Höhenanstieg hinter sich haben, kehren gern in der Klostergaststätte ein. Von den drei Gasträumen strahlen besonders die beiden an die Kirche angrenzenden eine anheimelnde Atmosphäre aus. Balkenunterzüge, im Raum verteilte Pfeiler und Gusseisenstützen sowie mächtige Fenstergewände und die hölzernen Verkleidungen im Sitzbereich lassen – auch wenn nicht alles so stilrein daherkommt – echte Klostergasthof-Atmosphäre entstehen.

Klostergaststätte Kreuzberg

Kreuzberg 2
97653 Bischofsheim/Rhön

Telefon: 09772 / 91240

www.kreuzbergbier.de

Öffnungszeiten:
Montag–Sonntag
08:00–20:00 Uhr

12

Die Krone Schenke in Unsleben

Unsleben ist ein kleiner Ort mit knapp 1000 Einwohnern im Landkreis Rhön-Grabfeld. Bekannt ist er vor allem durch das unweit des Gasthauses gelegene Wasserschloss. Eine erste Erwähnung fand Unsleben 1162 als Sitz eines Ortsadelsgeschlechts. Bis ins 18. Jahrhundert teilten sich das Hochstift Würzburg und eine Freiherrenfamilie die Herrschaft über das Gebiet, bevor 1814 der Ort endgültig bayerisch wurde. Das Wasserschloss zählt zu den bedeutendsten Beispielen eines fränkischen Rittersitzes und liegt in der Nähe des Flusses Streu, dessen Nebenarm den Schlossgraben speist. Um 1160 bewohnte Helwicus de Usleybe vermutlich eine Turmhügelburg. Nach Zerstörung während der Bauernkriege wurde die Burganlage im Verlauf des 16. und 17. Jahrhunderts wieder aufgebaut und erweitert. Der würzburgische Hofkanzler Freiherr von Habermann barockisierte das nunmehrige Wasserschloss. Im 19. Jahrhundert wurden weitere Hofgebäude errichtet. Zur Schlossanlage gehören ein Garten nach Osten sowie ein mächtiger keilförmiger Ökonomiehof, der ein gesamtes Dorfareal einnimmt. Durch Heirat gelangte die Anlage im 20. Jahrhundert in den Besitz der Grafen von Waldburg-Wolfegg.

Bereits um die Mitte des 19. Jahrhunderts besaß Unsleben eine geschlossene Siedlungsstruktur mit radial zur

Das Gasthaus wurde 1875 errichtet, das Nebengebäude (rechts) im 18. Jahrhundert

Kirche hinführendem Wegesystem. Es gab zahlreiche Bauernhäuser, meist Wohnstallhäuser, mit zur Straße gelegenen Hofmauern samt Torbögen und Nebeneingängen. Das Areal der heutigen Krone-Schenke grenzt unmittelbar an die mächtige, aus Bruchstein bestehende Friedhofsmauer der weiter südlich gelegenen Kirche. Ein Teil der Mauer dient der zur Gaststätte gehörenden Kegelbahn als südliche Seitenwand.

Das Gasthaus mit der traditionsreichen Beschriftung besteht aus zwei unterschiedlichen Baukörpern, die im Eingangsbereich einen zwickelförmigen Bereich ausbilden. Der nach Norden gelegene zweigeschossige Walmdachtrakt mit Profilgesims reicht wohl noch in das 18. Jahrhundert zurück. Er besitzt nach Süden eine geohrte sandsteinerne Portaleinfassung mit Rahmenleisten. Ursprünglich war dieses Nebengebäude, das über einen tonnengewölbten Keller aus Bruchsteinmauerwerk verfügt, Bestandteil einer Hofanlage mit zwei weiteren nicht mehr existierenden Hofgebäuden. Beim später errichteten Haupthaus verzichtete man wohl aufgrund der guten Lagermöglichkeiten im Nebengebäude auf eine eigenständige Unterkellerung. Das Nebengebäude, das bis 1842 auch als Zuckerfabrik diente, beherbergt heute die Gasthausküche sowie Kühl- und Lagerräume.

Das eigentliche Gasthaus wurde 1875 als traufständiger, zweigeschossiger Steildachbau errichtet. Es erhielt eine bauliche Akzentuierung durch profilierte Tür- und Fenstergewände, die im oberen Geschoss aus Holzprofilen bestehen; der Sockel wird aus Muschelkalkquadern gebildet. Alle straßenseitigen Fenster von Haupt- und Nebengebäude sind mit Blendläden versehen. 1912 wurde zur Aufnahme von Fremdenzimmern ein geräumigeres Mansarddach geschaffen, das durch eine ungewöhnlich fortschrittliche Stahlbetonbinderkonstruktion im Obergeschoss getragen wird. Diese er-

Die Kegelbahn aus dem 19. Jahrhundert

möglichte zudem die Einrichtung eines stützenlosen Tanzsaals im zweiten Geschoss. Als Vorbild für das repräsentative Mansarddach diente wohl der Westflügel des benachbarten Wasserschlosses.

Ein selten gewordenes Zeugnis ländlicher Wirtshauskultur ist die Kegelbahn aus dem 19. Jahrhundert zur Südseite des Grundstücks, eine der Einfriedungsmauer vorgebaute Holzkonstruktion mit langgezogenem Satteldach und niedriger Brüstungsmauer nach Norden. Die Bahn besitzt eine seitliche U-Schale aus Holzbrettern als Rücklauf, der Boden ist mit Gussasphalt versehen. Am Ende der Bahn stoppt ein Sandfang die mit großem Schwung anrollenden Kugeln.

2007 musste das Gasthaus, das sich im Besitz des Grafen zu Waldburg-Wolfegg befand, vom seinerzeitigen Pächter aufgegeben werden; ein neuer Betreiber war nicht zu gewinnen. Fast schien es, als ob ein wichtiges Stück Unslebener Ortskultur unwiederbringlich verloren ginge, als 2012 eine Genossenschaft ins Leben gerufen wurde: 61 Gründungsmitglieder schlossen sich zur „Friedrich-Wilhelm-Raiffeisen Dorf leben eG in Unsleben“ zusammen; jeder war mit mindestens 100 Euro am Unternehmen beteiligt. Das Startkapital von 50 000 Euro ermöglichte den Kauf des zwischenzeitlich stark sanierungsbedürftigen Gebäudes im Jahr darauf. Mit viel Eigenleistung und Samstagsarbeit der Genossenschaftsmitglieder konnte die Traditionsgaststätte bereits am 23. November 2013 wiedereröffnet werden. Das Ergebnis kann sich sehen lassen: Die denkmalgerechte,

mit viel Liebe zum Detail durchgeführte Sanierung erforderte einen Rückbau veränderter Oberflächen, deren ursprüngliches Aussehen mittlerweile unkenntlich geworden war. Große Teile der Möblierung wie Tische, Bestuhlung und Schanktheke wurden aus anderen Gasthäusern, etwa der alten Bahnhofsgaststätte in Bad Neustadt an der Saale, herbeigeschafft. Die großzügige, lichte Gaststube wird durch die dezente halbhohe Vertäfelung und die sichtbaren Hauptdeckenträger geprägt. Unter der Decke verläuft eine säuberlich rekonstruierte Wandbordüre. Behutsam wurde der Dielenboden nach altem Vorbild neu verlegt.

Den weiträumigen stützenlosen Saal im Obergeschoss erreicht man über das aus dem 19. Jahrhundert stammende Treppenhaus mit seinen gedrechselten Balustern. Im Saal hat sich ein besonderes bauzeitliches Ausstattungsstück erhalten: ein sorgsam restaurierter Kanonenofen in Jugendstilformen, der früher zur Beheizung des gesamten Raumes diente. Über das Stiegenhaus gelangt man auch in die zur Wiederinbetriebnahme vorgesehenen Fremdenzimmer im Mansardgeschoss. Für die Zubereitung der erlesenen Speisen der heutigen Krone-Schenke konnte ein renommierter Koch gewonnen werden, sodass das Gasthaus längst zum Geheimtipp geworden ist. Zu den weithin bekannten Spezialitäten mit regionaler Herkunft zählen das Ragout von „Bauer Storchs Streutalziege“ ebenso wie die Rhönforelle aus eigenem Gewässer.

Krone Schenke

Hauptstraße 27
97618 Unsleben

Telefon: 09773 / 8997350

www.kroneschenke.de

Öffnungszeiten:
Mittwoch–Sonntag
10:30–23:00 Uhr
Oktober–März:
14:30–17:00 Uhr geschlossen
Warme Küche:
11:30–14:30 Uhr
17:00–21:00 Uhr
Ruhetage:
Montag, Dienstag

13

Restaurant zum Schlosswirt in Aschach

Aschach ist heute Ortsteil des Marktes Bad Bocklet im Landkreis Bad Kissingen im Tal der fränkischen Saale, in die hier das kleine namensgebende Flüsschen Aschach mündet. Das gleichnamige Schloss wurde im 12. Jahrhundert unter den Grafen von Henneberg als Burg errichtet. Im 14. und 15. Jahrhundert wechselten mehrfach die Besitzer, wiederholt befand sie sich in fürstbischöflich-würzburgischem Besitz. Zwei Jahre nach der Zerstörung im Bauernaufstand 1525 konnte das Schloss durch dienstverpflichtete Bauern bereits wieder aufgebaut werden. Eine weitere Zerstörung des zeitweiligen Fürstbischofssitzes erfolgte 1553 im Markgräflerkrieg. Nach etwa 20 Jahren war das Schloss wiederum neuaufgebaut und erhielt seine heutige Gestalt durch Fürstbischof Friedrich von Wirsberg. Unter Fürstbischof Julius Echter war das Schloss Amtssitz und wurde vom Bruder des Bischofs bewohnt. Trotz wechselnder Besitzer kam das Bauensemble weitgehend unbeschadet durch die Wirren des

Das Turmzimmer

Dreißigjährigen Kriegs. Die prachtvolle Hofhaltung der Würzburger Schönbornbischöfe, die bedeutende Schlossbauten schufen, ließ Schloss Aschach jedoch im Lauf des 18. Jahrhunderts ins Hintertreffen geraten.

1829 kam der Bau in die Hand des Industriellen Sattler, der in dem Gebäude eine Steingutmanufaktur einrichtete, deren Betrieb jedoch mangels Rentabilität bereits 1860 wieder eingestellt werden musste. Ein neuer Aufschwung ergab sich nach dem Kauf des Anwesens durch den königlich-bayerischen Regierungspräsidenten Friedrich von Luxburg, der neben der Einrichtung einer Kunstsammlung eine Sanierung des Schlosses vornahm. Im Jahr 1955 kam es als Schenkung in den Besitz des Bezirks Unterfranken. Die Gesamtanlage, zu der eine Zehntscheune, ein Wirtschaftsgebäude, ein Forsthaus sowie eine südöstlich gelegene, langgestreckte Mühle zählen, bildet ein einzigartig romantisches Ensemble mit dem ab 1874 angelegten Schlosspark, der bei einer Fläche von ewa 13 000 Quadratmetern zu längerem Verweilen einlädt. Erhalten hat sich noch eine Ringmauer mit Turmfundamenten aus Bruch- und Werkstein.

Heute vermittelt eine dreigeteilte Museumslandschaft das kontrastreiche Leben von Adel und einfacher Landbevölkerung im 19. Jahrhundert. Das Graf-Luxburg-Museum befindet sich bereits seit 1957 im Hauptschloss. 30 Schlossräume mit ihren Ausstattungsstücken wie Gemälde, Möbel, Silber und Fayencen erlauben einen seltenen Blick in die Welt von kunstliebenden Sammlern. Die ehemalige Zehntscheune von1692 dient seit 1984 als Volkskundemuseum und veranschaulicht das Leben der Landbevölkerung in der Rhön zwischen 1850 und 1950 und präsentiert auch historische Arbeitsgeräte und Maschinen. Das seit 1982 bestehende Schulmuseum im ehemaligen Forsthaus von 1774 erinnert mit zahlreichen Ausstattungsstücken historischer Klassenräume an die Schulgeschichte Unterfrankens.

Nach dem Schlossgraben erwartet den Gast der Blick auf das Schloss

1957 wurde in dem als „Kleines Schloss" bezeichneten, baulich nicht mit dem Hauptschloss verbundenen Nordflügel die Schlossgaststätte eingerichtet, die sich so harmonisch in die z. T. gewölbten Gemäuer einfügt, dass man sie für eine jahrhundertealte Institution halten könnte. Der langgestreckte traufständige Baukörper ist untergliedert in den östlich gelegenen dreigeschossigen Gesindebau mit Steildach, nach Nordosten wird ein quadratischer Turm, der sog. Uhrturm, mit Walmdachabschluss und Glockengeläut ausgebildet. Oberhalb der Tordurchfahrt ist Fachwerk zu erkennen, die Durchfahrt selbst ist zum Teil mit einer Holzbalkendecke überspannt. Hierin befindet sich ein renaissancezeitlicher Sandsteinepitaph. Originell sind die unterhalb der Decke angebrachten hängenden Ledereimer mit Namensinschriften, die wohl als Feuerlöscheimer dienten.

Das eigentliche, zwischen 1527 und 1530 errichtete Gasthaus ist ein dreigeschossiger Steildachbau mit zum Binnenhof angebrachter Wappentafel und einer Sonnenuhr unterhalb der Traufe. Die Gestaltung ist deutlich aufwendiger als beim östlich anstoßenden Gesindehaus. Der Putzbau mit sichtbar gelassenen Eckverzahnungen und geteilten Fenstern mit gekehlten Rahmungen wird durch ein rundbogiges Portal mit Rundstabgewände erschlossen. Nach Westen wächst ein mächtiger, mit Zeltdach abgeschlossener Rundturm, der sog. Eulenturm, über einem rechteckigen Erdgeschoss empor. Eine Gebäudebrücke im Fachwerk-Heimatstil verklammert diesen zusätzlich mit dem Gasthaus-Trakt. In dem über die Gebäudeflucht hinausgehenden eingeschossigen Eckbau nach Südwesten befindet sich das sog. Jagdzimmer. In den Sommermonaten erfreut sich aber vor allem die einen so einmaligen Blick auf Haupt- und Nebenschloss ermöglichende vorgelagerte Terrasse großer Beliebtheit.

Links: Italienisch-französisches Flair – der Aufgang zum Schlossmuseum.
Unten: Der Gastraum im Torhaus

In der Gaststätte kommt der Burgen- und Schlossfreund schon allein dadurch auf seine Kosten, dass die immensen Wandstärken fast eines Verlieses würdig sind. Alle Räume sind unterschiedlich geschnitten, die mächtigen Außenmauern nehmen beinahe die Hälfte der Grundfläche ein – sehr zum Leidwesen des Gasthausbetreibers, denn größere Gesellschaften sind dadurch ausgeschlossen. Eine besonders intime Atmosphäre vermitteln das runde Turmzimmer und das Turmeck mit jeweils sechs Plätzen. Der nach Osten liegende gemütliche Gastraum im Torhaus (28 Plätze) mit seinem regelmäßigen Kreuzgewölbe besitzt an seiner Stirnseite eine ritterliche Szene in Sgraffito-Technik. Dunkles Holz und ein Kachelofen verleihen dem Jagdzimmer mit Platz für 34 Personen eine stimmungsvolle Atmosphäre.

Das 1957 als Weinlokal eröffnete Wirtshaus führt als Spezialitäten vielerlei saftig gegrilltes und gebratenes Fleisch und auch Fisch sowie saisonale Gerichte, z. B. mit Pfifferlingen. Küchenmeister Rainer Ernst und seine Familie pflegen hier schon seit Jahrzehnten eine qualitätsbewusste, feinbürgerliche Küche. Für den besonderen Genuss sorgen – neben diversen Erzeugnissen der fränkischen Bierbraukunst – die Schätze aus dem mit etwa 80 verschiedenen Sorten bestückten Weinkeller. Das Café wartet mit Köstlichkeiten aus der hauseigenen Konditorei auf.

Restaurant zum Schlosswirt

Schloßstraße 24
97708 Bad Bocklet

Telefon: 09708 / 357

www.zumschlosswirt.eu

Öffnungszeiten:
Dienstag–Samstag
11:00–22:00 Uhr
Sonntag
11:00–18:00 Uhr
Ruhetag: Montag

14

Hotel-Restaurant Schlundhaus in Bad Königshofen

Unschwer lässt sich erraten, dass ein Schlundhaus etwas mit Essen und Trinken zu tun haben muss. Aber was bedeutet dieser archaische Name tatsächlich – und verbirgt sich dahinter auch heute noch ein Gasthaus?

Gleich mehrere Seiten verwendet das Grimm'sche Wörterbuch (erschienen ab 1838) auf die Erklärung des Begriffes, der vom althochdeutschen „slund" kommt und tatsächlich etwas mit schlucken und schlingen zu tun hat. Im nordöstlichen Unterfranken kommt allerdings in Verbindung mit dem Wort „Haus" eine besondere Bedeutung hinzu: Das Schlundhaus, so liest man dort, wird „in Meiningen und andern hennebergischen städten das rathaus genannt …, weil im unteren stockwerk eine schenke ist, dort also geschlunden, geschlemmt wird".

Königshofen, seit 1974 wegen seiner Quellen als Bad aus- und bezeichnet, ist, wie der Name verrät, eine karolingische Königssiedlung aus dem 8. Jahrhundert. Die Ortschaft liegt inmitten des Grabfelds, einer touristisch noch wenig entdeckten sanften Hügellandschaft vor dem Thüringer Wald und in unmittelbarer Nähe zum ehemaligen Herrschaftsgebiet der Grafen von Henneberg. Am

Im Kellergewölbe aus dem 13. Jahrhundert wurde 1488 ein Brunnen gegraben

großen quadratischen Marktplatz liegen sich seit 1563 das neu errichtete Rathaus und das Schlundhaus gegenüber. Wahrscheinlich stand an der Stelle des Schlundhauses das erste Rat- und Kaufhaus der Stadt, in dem sich selbstverständlich auch eine Schenke befand. Auch das Zentgericht war hier bis 1720 untergebracht. Nach dem Neubau des Rathauses auf der anderen Seite des Platzes blieben Ratsschenke und Weinkeller, die ursprünglich Gasthaus zum roten Ochsen hießen, am alten Ort bestehen.

Das Schlundhaus wurde nach einem Brand 1632 im Jahr 1661 neu errichtet; während des Dreißigjährigen Krieges war es in der besetzten und geplünderten Stadt zunächst nicht wieder aufgebaut worden. Der berühmteste Gast des ersten Schlundhauses dürfte der schwedische König Gustav Adolf gewesen sein, der hier 1631 nächtigte. Die massiven Kellergewölbe des barocken Hauses reichen bis in das 13. Jahrhundert zurück, 1488 wurde ein eigener Brunnen gegraben.

Heute präsentiert sich das Schlundhaus als hübscher Walmdachbau über einem hohen Sockelgeschoss, der seine Gäste hinter Butzenscheibenfenstern verwöhnt. Aufmerksam macht der bunt gemalte Fries an der Marktplatzfassade, den der Maler Erich Mutze vor Jahrzehnten schuf. Zu sehen ist der Einzug des Schwedenkönigs Gustav Adolf mit seinen Landsknechten in die Festung Königshofen, die sich zunächst vergeblich gegen die Protestanten zur Wehr gesetzt hatte.

Aus der überaus geschichtsträchtigen und selbstbewussten Schenke ist im vergangenen Jahrhundert ein stattliches Gasthaus geworden, das die Familie Hübner, später Fischer, seit 1917 als Familienbetrieb führt. Hier übernachtet man

übrigens auch romantisch und komfortabel unter drei Sternen und kann sich in der fußläufig erreichbaren Therme entspannen oder die Kulturlandschaft des Grabfelds entdecken.

Das traditionsreiche Gasthaus ist von der Geschichte der Stadt Bad Königshofen also nicht zu trennen. Dies bringen die Eigentümer auch in den anheimelnden Gaststuben zum Ausdruck, deren urige Vertäfelung bereits über 100 Jahre alt ist. Es versteht sich von selbst, dass in diesen einladenden Räumen vor allem regionale Küche mit fränkischen Spezialitäten serviert wird. Die klassischen fränkischen Gerichte wie Ochsenbrust und Sauerbraten, auch ein deftiges Schweineschäufele und Gänse werden mit frischen Klößen serviert. Auf der Getränkekarte ist die fränkische Herkunft besonders groß geschrieben: Die Biere sind allesamt aus der Region, wobei der „Urstoff“ der Münnerstädter Klosterbrauerei neben den Bieren des Rother Bräus aus der Rhön eine besondere Rarität darstellt. Aus der unmittelbaren Nachbarschaft der Grabfeldgemeinden stammen die Obstbrände, die zu probieren nach einem guten Essen sicher kein Fehler ist. Wert gelegt wird aber auch auf eine gepflegte Weinkarte, die von fränkischen Rot- und Weißweinen dominiert wird – das ist sich das Schlundhaus quasi selbst schuldig, war es doch stets die offizielle Weinschenke der Stadt, die 1917 an den Weingroßhändler Otto Hübner verkauft wurde. So erklärt sich auch die Weinrebe, die seit spätestens 1729 das historische Wirtshausschild ziert.

Falls der Gast doch einmal auf sein stets frisch zubereitetes Essen warten muss, wird ihm die Zeit unterhaltsam verkürzt: Die Besitzer haben es sich einfallen lassen, die Geschichte der Stadt unterhaltsam und mit allerlei Kuriosa gewürzt, ja fast schon museal in Erinnerung zu bringen. Schon die Diele gilt als kleines Volkskundemuseum und ist mit Vitrinen und Schaustücken ausgestattet. Im Inneren setzt sich dieses gleichermaßen liebevoll wie unterhaltsam und lehrreich zusammengestellte Ambiente fort. Neben den beiden Gaststuben steht der Weinkeller zur Verfügung, in den man viele Stufen hinabsteigen muss. Dort lassen sich die Spezialitäten unter den

beeindruckenden mittelalterlichen Gewölben und gleich neben dem Brunnen von 1488 genießen. In lauen Sommernächten lockt ein lauschiger Biergarten mitten in der Stadt, dem man kaum widerstehen kann.

Dem aufmerksamen Leser und Gast sei die berechtigte Frage erlaubt, was denn aus den anderen Schlundhäusern der hennebergischen Lande geworden ist, einst doch offenbar in vielen Ortschaften zu finden. Den wenigsten Kommunen ist es gelungen, ihre traditionsreichen Ratsschenken am Leben zu halten. Ein aufwendig verziertes Schlundhaus findet sich noch in Meiningen. Aber das stellen wir erst in einem späteren Gasthausführer vor.

Hotel-Restaurant Schlundhaus

Marktplatz 25
97631 Bad Königshofen

Telefon: 09761 / 1562

www.schlundhaus.de

Öffnungszeiten:
Ab 11:00 Uhr geöffnet
Samstag und Sonntag
ab 10:00 Uhr
Warme Küche
11:30–14:00 Uhr
17:00–21:30 Uhr
Ruhetag: Dienstag

15

Schuberts Wein & Wirtschaft in Bad Kissingen

Bad Kissingen ist vom Gegensatz zwischen kleinteiliger, eng bebauter Altstadt und großzügig durchgrüntem, mondänem Kurviertel geprägt. Wem nach dem Wandeln und Promenieren durch die Bauten und Gärten des Weltbades und dem Genuss der Heilwässer unter der strengen Regie der Diätempfehlungen der Sinn nach herzhafter fränkischer Küche und süffigem erfrischendem Frankenwein steht, der lenkt seit alters seine Schritte in die Altstadt Kissingens. Von den vielen hier einst bestehenden Wirtschaften, Weinstuben und Bierkneipen hat sich eine nahezu unverändert erhalten: die historische Weinstube in Schuberts Wein & Wirtschaft in der Kirchgasse.

In der engen Kirchgasse wirkt der zweigeschossige Mansarddachbau in seiner grauen Farbgebung zurückhaltend. Die schönen steinernen Gewände um Fenster und Haustür mit erhabenen Schlusssteinen zeugen von einer Bauzeit im späten 18. Jahrhundert. Die Größe des Hauses spricht dafür, dass es sich um einen damals vom Würzburger Landesherrn mit Bauholz unterstützen Neubau zur standesgemäßen Unterbringung von Kurgästen gehandelt haben mag. Der Ausleger verrät die Gründung des Wirtshauses im Jahr 1801.

Die Tradition der Beherbergung und Bewirtung der Badegäste ist natürlich schon älter. Nach Klagen von Kurgästen musste der Würzburger Bischof den Kissinger Bürgern 1544 befehlen, die angemeldeten Gäste mit guten Speisen und Getränken, Wein und Bier zu versorgen (und diese ordentlich zu versteuern). Um 1900 konkurrierten viele Wirtschaften um die immer zahlreicher werdenden Kurgäste. Die Foto- und Postkartensammlung des Stadtarchivs belegt die einstige Pracht und Vielfalt.

Doch treten wir ein! Gleich links des Eingangs gelangen wir in die Gaststube von 1893 und fühlen uns sogleich in die Zeit altdeutschseliger Gemütlichkeit zurückversetzt. Knarzendes Eichenparkett und eine für den heutigen Betrachter überwältigende Fülle an Formen und verspielten Details tragen dazu bei. Die hölzernen Bänke und Tische laden ihrer Bestimmung gemäß ein, Platz zu nehmen und zu schauen. Typisch für die seinerzeit beliebte Neorenaissance sind die Wandvertäfelungen aus dunkel gebeiztem Holz mit Kranzgesims und aufgesetzten Pilastern. Die Vertäfelung ist mit zahlreichen Darstellungen bekannter Kurgäste geschmückt. Die Tür und die Fenster sind mit Bleiverglasungen versehen, in die bunt bemalte Scheiben mit bäuerlichen Szenen eingesetzt sind. Das so gebrochene und gefilterte Licht lässt erst langsam vor dem Auge des Besuchers die stark nachgedunkelte Bemalung der Wände und Decke mit Renaissanceornamenten, Figuren und Trinksprüchen erscheinen. In den tiefen Fensterlaibungen sehen wir Landschaftsszenen. Ein stattlicher, grün glasierter Kachelofen in Formen der Neurenaissance und der alte Ausschank aus dunkel gebeiztem Holz mit kleiner Balustrade

Adolph von Menzel

Adolph Friedrich Erdmann Menzel wurde am 8. Dezember 1815 in Breslau als Sohn eines Steindruckers geboren und starb am 9. Februar 1915 in Berlin. Bekannt wurde er durch seine realistischen Gemälde und Zeichnungen. Als Franz Kugler 1839 Adolph Menzel beauftragte, die Illustrationen zu seinem mehrbändigen Buch „Geschichte Friedrichs des Großen" anzufertigen, war dies der Grundstein für Menzels Erfolg. In den darauffolgenden Jahren schuf er mehrere Gemälde mit Szenen aus dem Leben des Alten Fritz, die vor allem wegen ihrer historischen Genauigkeit bis heute äußerst hoch geschätzt werden.

Menzels Bilder zeichnen sich durch eine besondere Detailverliebtheit aus, die daraus entstand, dass er alles so realitätsnah wie möglich malte. Die Menschen und Gegenstände wirken nicht arrangiert, sondern eher zufällig und wie mitten aus dem Leben gegriffen. Leidenschaftlich zeichnete er in seine zahllosen Skizzenbücher alles, was ihm vor das Auge kam.

Einige seiner Gemälde beziehen sich auch auf den Kurort Bad Kissingen, den er ab 1884 regelmäßig besuchte. Dabei bezeichnete er sich selbst jedoch als „Nicht-Kurgast". 1889 durfte er das Titelblatt des Goldenen Buches der Stadt gestalten, und zu seinem 80. Geburtstag erhielt er die Ehrenbürgerwürde. Er verstarb 1905 in Berlin.

zieren den Raum. Beim Schwelgen in den Darstellungen und Trinksprüchen mag das Auge angesichts des rechts der Tür aufgemalten „§11" („porro bibitur!") sinnieren, wer heute noch diese früher bei Studenten und Handwerksgesellen geregelte Aufforderung zum fortgesetzten Trinken verstehen mag. Der berühmte Historienmaler Adolph von Menzel jedenfalls, der Stammgast in diesem Hause war, hielt sich daran. Es ist überliefert, dass er nach exzessivem Weingenuss die Türen des stillen Örtchens und des Kellers verwechselte und schmerzhafte Bekanntschaft mit der Kellertreppe machte. Noch heute erinnert eine Menzelstube in der Weinwirtschaft an den bekannten (und guten) Gast.

Bei späteren Umgestaltungen im 20. Jahrhundert wurden die Wirtschaft nach hinten er-

Rechts: Die Gaststube aus dem Jahr 1893 mit einer für diese Zeit typischen Wand- und Deckenbemalung

weitert und alle Räume modernisiert – zum Glück blieb die alte Wirtsstube davon ausgenommen und nahezu unverändert erhalten. Damals erhielt die Fassade das Doppelfenster rechts des Eingangs und das aufgesetzte Brettfachwerk am Obergeschoss, das die altdeutsche Gemütlichkeit der Weinstube nach außen transportieren sollte.

Wie schön, dass man die historische Wirtsstube nicht nur ansehen, sondern mit allen Sinnen genießen kann. Die Pächterfamilie Hippler verwöhnt den Gaumen mit einer reichhaltigen Auswahl bodenständiger, regionaler Gerichte und verwendet hierfür saisonale Produkte vorzugsweise aus Franken. Kreative Variationen klassischer Gerichte und die raffinierte Präsentation trugen sicher zur Auszeichnung bzw. Aufnahme der Küche in verschiedene Gourmetführer bei. Dem Namen Weinstube wird die umfangreiche Weinkarte mit Schwerpunkt auf Franken allemal gerecht – hier steht vor dem Genuss die Qual der Wahl.

Füllt sich am Abend der Wirtsraum mit Gästen und Stimmen und genießt man eine deftige fränkische Mahlzeit mit ein, zwei oder mehr Schoppen fränkischen Weines, so ist die Zeitreise in das späte 19. Jahrhundert nahezu perfekt. Kerzenschein erhellt die dunklen Wände und das Laternenlicht der Straße fällt nur matt durch die Fenster – hat dieser altmodisch gekleidete Herr dort am großen Tisch nicht Ähnlichkeit mit Bismarck und könnte der Herr mit Bart auf der Ofenbank nicht der Maler Menzel sein? Probieren Sie es selbst!

Links: Die Menzel-Stube

Schuberts Wein & Wirtschaft

Kirchgasse 2
97688 Bad Kissingen

Telefon: 0971 / 2624

www.weinstube-schubert.de

Öffnungszeiten:
Dienstag–Sonntag
12:00–14:00 Uhr
ab 17:30 Uhr
außer feiertags
Ruhetag: Montag

16

Das Kurgarten Café in Bad Kissingen

Wer in Bad Kissingen das elegante Flair eines Weltbades spüren will, dem sei zur Einstimmung ein Besuch des Kurgarten Cafés im Bayerischen Staatsbad empfohlen. Es liegt im Herzen des Kurgebiets in den Arkaden am Kurgarten – eine schönere und prominentere Stelle lässt sich für ein Café wohl nicht finden.

Nimmt man bei schönem Wetter in oder vor den Arkaden Platz, erfreut sich der Blick an üppigen Blumenrabatten und Teppichbeeten des Kurgartens, deren kräftige Farben sich vor dem satten Grün der Rasenflächen und der dahinter stehenden Lindenallee entfalten. Stattliche Palmen geben der Szenerie ein südländisches Flair. Das Urlaubsgefühl wird durch das Plätschern der beiden Springbrunnen und das sanfte Knirschen der Kieswege unter den Schritten der vorbeiflanierenden Kurgäste akustisch untermalt. Mitten vor „seinem" Arkadenbau steht das Marmorstandbild König Ludwigs I. von Bayern und erinnert an dessen Einsatz für den Badeort.

Der bayerische König konnte dabei auf den Leistungen des Fürstbistums Würzburg aufbauen: 1739 ließ Fürstbischof Friedrich Karl von Schönborn durch seinen Hofbaumeister Balthasar Neumann den Kurgarten anlegen und ein Kurhaus errichten. Im Saal im Obergeschoss an

Der hohe Saal des Kurgarten Cafés im Regentenbau von 1913

der „fürstlichen Tafel“ konnten die Kurgäste Frühstück, Mittagessen und Abendessen einnehmen. Die in zeitgenössischen Reiseführern als beste Küche des Badeortes gerühmte table d’hôte war damit ein Vorgänger des Kurgarten Cafés.

König Ludwig, der häufig Sommeraufenthalte im benachbarten Bad Brückenau verbrachte, beauftragte seinen Baumeister Friedrich von Gärtner mit Planung und Bau des 1838 fertiggestellten Arkadenbaus, der eine angemessene Bühne für das immer beliebter werdende europäische Bad bieten konnte. Die Arkaden im von der italienischen Renaissance inspirierten Rundbogenstil vereinen ausgewogene Monumentalität mit praktischen Aspekten wie Sonnen- und Regenschutz. Gerne lässt man den Blick über die exakt gearbeitete und sorgfältig restaurierte Werksteinfassade aus hellem und rötlichem Sandstein schweifen. Selbst die weiß gestrichenen Metallgarnituren hätten hier Geschichten zu erzählen: Die Stühle und Tische sind Originale aus den 1950er-Jahren. Die zeittypisch ausladenden und geschwungenen Formen nehmen auch die Dame im ausladenden Kleid und ihren ausladenden Begleiter großzügig auf.

Auf eine weitere Zeitreise begibt sich, wer nun das Innere der Räumlichkeiten betritt. Wer nach dem heiteren, bunten und weitläufigen Charakter der Arkaden und Terrasse nun einen kleinen Raum erwartet, irrt: Eine hohe, dreischiffige und vierjochige Halle öffnet sich dem Besucher. Das Licht flutet

Südländisches Gefühl: der Kurgarten mit dem Arkadenbau von 1838

Die Arkaden sind dem Baustil der Renaissance nachempfunden

durch große Fenster und die Oberlichter des Mittelschiffs ein. Die feine, zurückhaltende Modellierung der Doppelsäulen, die Wandvertäfelung und die dekorativen Schablonierungen verströmen eine selbstverständliche Eleganz und lassen, trotz der beeindruckenden Größe und Höhe des Raumes (annähernd neun Meter), eine würdevolle Wohlfühlatmosphäre aufkommen. Gestaltung und Dekoration sind in einem klassizistisch beeinflussten Jugendstil gehalten.

Das Königreich Bayern beauftragte Anfang des 20. Jahrhunderts den berühmten Architekten Prof. Max Littmann mit der zeitgemäßen Erneuerung und Erweiterung der Gebäude des zum Weltbad gewordenen Kissingens. Unter Erhalt des Arkadenbaus plante Littmann den 1913 eröffneten Regentenbau, dessen Name an Prinzregent Luitpold erinnert. Das Kurgarten Café ist in diesem Bau nach dem Max-Littmann-Saal und dessen Foyer der größte Raum und räumlich mit großem und kleinem Vestibül und den Arkaden ver-

Einer der eleganten Jugendstillüster im Kurgarten Café

woben. Es hieß damals „Kursaal-Restaurant" und Architekt Littmann überließ kein Detail dem Zufall: Die Vertäfelung in Pappelholz, die gelbe und schwarze Schablonenmalerei und die Möblierung mit Stühlen, Hockern und Tischen entwarf er selbst. Vier Ölgemälde fränkischer Schlösser verweisen auf die zahlreichen adeligen Kurgäste. Ein offener Kamin und eine stuckierte Supraporte vervollständigen die Ausstattung. Die Gestaltung aus einer Hand gewährleistete einen harmonischen und stimmigen Gesamteindruck, der auch bei den anderen Kissinger Bauten Littmanns, dem Kurtheater, dem Kurhausbad und der Wandelhalle erreicht wurde – nicht zu vergessen das Münchner Hofbräuhaus, bei dem dasselbe gelungen ist.

Es ist der 1999 abgeschlossenen sorgfältigen Restaurierung des Regentenbaus zu verdanken, dass im Kurgarten Café die originale Anmutung weitgehend wiederhergestellt wurde.

Nach all den Ausflügen in die Geschichte wenden wir uns der Speisenkarte zu. Die Bezeichnung Café ist untertrieben, denn neben den täglich frischen Torten und Kuchen vom Konditormeister wird auch eine Mittags- und Abendkarte mit saisonalen und regionalen Speisen – für den großen wie den kleinen Hunger – geboten.

Das umfangreiche Eventprogramm mit Krimidinner, Lesungen und künstlerischen Darbietungen gibt Anlass für häufigere Besuche. Auch für Hochzeitsgesellschaften bieten Café, Regentenbau und Kurgarten einen angemessenen Rahmen. Eine besondere Tradition sind die regelmäßig mehrmals wöchentlich stattfindenden Tanzzeiten mit Live-Musik, die den Tänzern und Zuschauern anschaulich etwas vom vergangenen Glanz der Weltbad-Epoche vermitteln.

Kurgarten Café

Am Kurgarten 8
97688 Bad Kissingen

Telefon: 0971 / 78579890

www.kurgarten-cafe.de

Öffnungszeiten:
Montag–Samstag
11:00–18:00 Uhr
Sonntag
11:00–22:00 Uhr
Kein Ruhetag

17

Landgasthof zum goldenen Kreuz in Untererthal

Wir befinden uns im Tal der fränkischen Saale, in der kleinen Stadt Hammelburg, die zum Landkreis Bad Kissingen gehört. Sie wurde erstmals 716 als hamulo castello erwähnt, also als Burg am Hang. Im Jahr 777 schenkte Kaiser Karl der Große der Stadt Weinberge, worauf der Beiname Hammelburgs als älteste Weinstadt Frankens zurückzuführen ist. Mit der Gebietsreform von 1972 wurde Untererthal als Stadtteil eingemeindet, dessen Geschichte eng mit den Herren von Erthal verbunden ist. Als Inhaber des Schankrechts ließen sie Untererthals älteste Gastwirtschaft errichten: den Gasthof zum goldenen Kreuz. Der erste namentlich bekannte Wirt, Hans Murk, ist für das Jahr 1548 belegt. Das Gebäude, heute in der Brückenauer Straße 11, stammt allerdings aus dem Jahr 1733. Der damalige Besitzer Johann Bau hat nämlich den Vorgängerbau abreißen und durch einen auffallenderen neuen Gasthof ersetzen lassen. Die Jahreszahl verziert noch heute die Faschen der Fensterfront an der Außenfassade des zweigeschossigen Fachwerkbaus mit Schopfwalmdach.

Düster dreinblickende Fratzen auf den Schlusssteinen zweier rundbogiger Durchgänge empfangen den Eintretenden. Hier fällt gleich ein weiteres Schmuckstück des Hauses ins Auge: die reich geschnitzte, schwere Eingangstür. Man erkennt auf ihr eine Trinkszenerie im Freien. Da fühlt man sich doch gleich willkommen!

Unten: Eine geschnitzte Trinkszene an der Eingangstür begrüßt die Gäste

Im Erdgeschoss gibt es zwei Stuben: den großen Gastraum, ausgelegt für 45 Personen, und die angrenzende Poststube für bis zu 15 Personen. In Letzterer wurde, wie der Name verrät, früher die Post für den Ort sortiert. Beide Räume sind durch eine Schiebetür getrennt, können dadurch aber auch leicht für große Familienfeiern verbunden werden. Die lichtdurchflutete Gaststube mit Unterzügen an der Decke wirkt freundlich. Dazu passt das Mobiliar aus hellem Holz. Im ersten Stock befindet sich die kleine Richterstube. Ihr Name kommt nicht von ungefähr, denn früher wurde hier tatsächlich Gericht abgehalten. Heute wird der Raum gottlob nur noch für angenehmere Anlässe genutzt, wie zum Beispiel für private Feiern im kleineren Kreis oder als Buffetraum zum angrenzenden Saal. Bis zu 90 Personen können dort feiern und tanzen.

Im Sommer lockt der großzügige und reichlich bepflanzte Garten die Biergartenfans ins Goldene Kreuz. Man fühlt sich fast wie im heimischen Garten, wenn man in den lauschigen, durch Hecken und Blumen begrenzten und von Weinreben und Hopfenblüten beschirmten Sitzecken ein kühles Radler trinkt und die Sonne genießt.

Die Freunde eines guten Schoppens können sich durch die verschiedenen Weine ansässiger Winzer probieren. Außerdem werden immer wieder Weinproben im kleinen Gewölbekeller abgehalten – zwar nicht Auerbachs Keller, aber dennoch passend. Die Wände und das Tonnengewölbe sind aus großen Steinen gefügt. Der Holzofen sorgt für eine heimelige Atmosphäre, weshalb das Gewölbe auch gerne für Familien- und Firmenfeiern mit bis zu 45 Personen genutzt wird.

Doch wer steht eigentlich hinter dem Goldenen Kreuz? Seit 2010 ist die Gastwirtschaft zum zweiten Mal in Händen von Patricia und Roland Wüscher. Schon zwischen 1989 und 1994 sorgten die beiden für das leibliche Wohl der Gäste. Als

das ehrwürdige Gebäude nach vielen Jahren erneut zum Verkauf stand, konnte die Familie einfach nicht widerstehen, da ihr Herz in all der Zeit nach wie vor an dem Gasthof hing. Jetzt sind sie wieder hier, und zwar mit Verstärkung: Seit kurzem greift Tochter Denise mit ihrem Mann David den Eltern kräftig unter die Arme. Da der Schwiegersohn aus Amerika stammt, haben sich in die fränkische Gastwirtschaft ein paar Eigenheiten eingeschlichen: So wird inzwischen an jedem Freitag der „All American Abend" angeboten, an dem typische amerikanische Spezialitäten wie Spare Ribs und Burger serviert werden. Und noch eine weitere Besonderheit brachte der Wahl-Franke aus seiner Heimat mit: selbst gebrautes Craft Beer. Diese geschmacksintensiven Biere haben mit ihren besonderen Aromen schon einige Biertrinker auf den Geschmack gebracht. Ein Dutzend verschiedene Biere kann David mittlerweile auf die Karte schreiben.

Ansonsten aber verwöhnt das Goldene Kreuz seine Besucher mit einer fränkischen und bodenständigen Karte. Die Auswahl reicht von klassischen Gerichten wie Schnitzel, Schweinemedaillons und Rumpsteak über Fisch und eine große Brotzeitauswahl bis zu einigen veganen und vegetarischen Gerichten. Verschiedene Braten stehen zusätzlich auf der Speisekarte – allen voran das beliebte Schäufele. Man sollte auf jeden Fall aufpassen, dass noch Platz für eine Nachspeise bleibt, denn sonntags gibt es noch eine weitere Leckerei: die selbst gemachten Sahneschnitten. Die muss man einfach probiert haben – immerhin ist Wirt Roland gelernter Konditor.

Landgasthof zum goldenen Kreuz

Brückenauer Straße 11
97762 Untererthal/
Hammelburg

Telefon: 09732 / 780099

www.zum-goldenen-kreuz.com

Öffnungszeiten:
Dienstag–Freitag
17:00–23:00 Uhr
Samstag
17:00–24:00 Uhr
Sonn- und Feiertags
10:00–23:00 Uhr
Warme Küche
11:00–14:00, 17:00–21:00 Uhr
Montag: Ruhetag

18

Privatbrauerei Ulrich Martin in Hausen bei Schonungen

Es war einmal in einem kleinen Dorf in Unterfranken. Dort lebte ein kleiner Bub, der sich nichts mehr wünschte, als Brauer zu werden ... So könnte unsere Geschichte anfangen, denn bei all den glücklichen Fügungen und schicksalhaften Begegnungen klingt sie fast wie ein Märchen. Der kleine Bub von damals ist heute ein gestandenes Mannsbild und lebt als Braumeister seinen Traum von der eigenen kleinen Brauerei.

1968 geboren, wuchs Ulrich Martin als Sohn einer Juristen- und Medizinerfamilie im idyllischen, von alten Fachwerkhäusern geprägten Dorf Mainberg fünf Kilometer östlich von Schweinfurt auf. Überregional bekannt ist der Ort vor allem durch sein Schloss, das ab 1915 dem Erfinder und Unternehmer Ernst Sachs (1867–1932) als repräsentativer Industriellensitz diente.

Schon mit 14 Jahren war Ulrich Martin fasziniert vom Brauerhandwerk. Er liebte den süß-würzigen Duft des Malzes, sammelte Bierkrüge, half bei Kirchweih und Bierfesten beim Ausschank. Auf Anraten Dritter entschied er sich jedoch nicht für eine Ausbildung im – wie ihm gesagt wurde – aussterbenden Brauereigewerbe, sondern begann ein Studium im Fach Deutsch. Lehrer sollte er werden, Pauker, Schulmeister, Studienrat.

Das Schicksal aber wollte es anders: Als er wieder einmal am Zapfhahn stand – diesmal bei einem Sommerfest, das die Brauerei Göller in Zeil am Main (Nr. 49) belieferte –, kam er mit dem Brauereichef ins Gespräch, der ihm umgehend eine Lehrstelle in seinem Betrieb anbot. Da ihm kein ehrlicher Grund einfiel, abzusagen, blieb ihm nichts anderes übrig, als den Dingen ihren Lauf zu lassen.

Die Gaststuben haben ihre urspüngliche Einrichtung bewahrt

Nach der abgeschlossenen Brauerlehre und einem weiteren Jahr in Zeil führte ihn sein Weg nach Bremen, wo er bei einem internationalen Großkonzern viel über industrielle Brautechnologie lernte. Es folgten eine Meisterausbildung in München, eine Auszeichnung mit dem Bayerischen Meisterpreis und ein zweijähriger Aufenthalt in Thailand im Dienste einer in Bangkok stationierten Münchner Lizenzbrauerei. Danach verschlug es ihn nach Schwabach, Tübingen und ins Allgäu.

Der Wunsch nach Selbstständigkeit aber war immer noch da und die Fühler wurden nach einem geeigneten Objekt ausgestreckt. Besonders das alte Brauereianwesen im kleinen Dorf Hausen nahe seinem Heimatort Mainberg hatte es Ulrich Martin angetan. Brauerei und Mälzerei waren 1850 von Lorenz Fratz gegründet worden. Das zugehörige Wirtshaus, ein imposantes, traufständiges Sandsteingebäude mit Satteldach, Eckpilastern und Gesimsen, wurde 1902 von Georg Weinig gebaut, der in die Familie eingeheiratet hatte. Vorher gehörte ihm übrigens die heute Göller'sche Brauerei in Zeil. Lange Jahre florierten Brauerei, Mälzerei, Brennerei, Landwirtschaft und das Wirtshaus auf dem Hof. 1952 aber musste die Brauerei, 30 Jahre später die Mälzerei stillgelegt werden. Das Wirtshaus wurde verkauft und in der Folgezeit mehrmals verpachtet. Zuletzt stand es mehrere Jahre leer.

Dieses Anwesen also sollte es für Ulrich Martin sein, doch es war stark renovierungsbedürftig, die Substanz angegriffen. Durchs Dach regnete es herein, von unten war Wasser in den Sandstein aufgestiegen, die Brauerei musste komplett erneuert werden – eine enorme Investition. Doch wieder kam eine glückliche Fügung zu Hilfe: Bei einem Vortragsabend für Existenzgründer hatte Martin die Gelegenheit, mit einem der Referenten zu sprechen. Dieser war sogleich von seinem Konzept einer kleinen, ländlichen Privatbrauerei mit Wirtshaus begeistert und ermöglichte ihm nur einen Monat später die Vollfinanzierung des Projekts. 2007 machte sich Martin das Anwesen zum Weihnachtsgeschenk. Nach einer aufwendigen Sanierung in nur sieben Monaten hatte er sich seinen Traum von der eigenen Brauerei endlich erfüllt.

Heute kann man mit Fug und Recht behaupten, dass mit der Brauerei Martin und dem zugehörigen Gasthaus ein neuer Stern mit historischem Schweif am unterfränkischen Bierhimmel aufge-

Eines der vielen Schilder aus der Raritätensammlung des Wirts Ulrich Martin

gangen ist, zumal es neben der Martin'schen Brauerei nur noch eine weitere (Wernecker Bierbrauerei in Werneck, Nr. 26) im Landkreis Schweinfurt gibt.

Bei der Neuausstattung der Gasträume ließ sich Ulrich Martin nicht von schnelllebigen Modeerscheinungen beeinflussen. Schlicht und geradlinig kommen die beiden Stuben im Erdgeschoss daher, mit klassischem Holzboden und zurückhaltender hellgrüner Täfelung. Einzig die Bierkrüge und Brauereischilder, die Martin schon seit seiner frühen Jugend leidenschaftlich sammelt, zieren neben Brauerdiplom und Meisterbrief die Stube. Das alte Mobiliar leistet immer noch gute Dienste.

Das Nebenzimmer im ersten Stock zeigt noch sein ursprüngliches Gesicht. Die ansehnliche grüne Bierlack-Täfelung, die hier oben die Wände ziert, gab es früher auch unten. Das schmuckvolle Mobiliar ist sogar älter als das Haus selbst. Im Saal wird heute wieder das Tanzbein geschwungen und mit einem Festakt der hauseigene Martinibock angestochen. Auch hier dokumentieren vielerlei Bierkrüge und Werbeschilder die große Sammelleidenschaft des Braumeisters.

Auf das berufliche Glück folgte übrigens auch das private: Seit einigen Jahren ist seine Frau Anja die gute Seele des Hauses und zwei Töchter vervollständigen die Familie. Kennengelernt hat sich das Paar auch dank des Wirtshauses: Anja, eine Sennfelder Gemüsebäuerin, brachte nämlich immer frisches Gemüse für die Wirtshausküche. Mittlerweile baut sie nur noch für die Gastwirtschaft an. Als „Biergärtnerin" kümmert sie sich außerdem um den malerischen, terrassenförmig angelegten Biergarten hinter dem Haus, den sie mit Rosen, Ranken und Büschen zu einer blühenden und duftenden Oase macht. Einen kleinen Kräuter- und Naschgarten gibt es auch.

Die Küche besorgt Jürgen Weide, der die Gäste unter der Woche mit herzhaften Brotzeiten und einer Auswahl an warmen Gerichten verköstigt. Am Wochenende kommen wechselnde Braten auf den Tisch. Die Zutaten dafür stammen, soweit möglich, aus umliegenden Betrieben; auf Gewürzmischungen, eine Fritteuse und Produkte von Weltkonzernen wird verzichtet. Spezialität des Hauses ist der Pirschbraten nach einem alten Hausrezept: ein gespickter Rinderbraten, der mit einer Beize aus Tannen- und Fichtenzweigen im Geschmack dem von Wild ähnelt. Und dazu gibt's natürlich Martinsbräu. Eines vom süffigen Spezial geht immer, und auch Weißbier, Pils und die Saisonbiere sind etwas für Genießer.

Brauerei Martin

Hausener-Haupt-Str. 5
97453 Schonungen/Hausen

Telefon: 09727 / 403011

www.brauerei-martin.de

Öffnungszeiten:
Mo., Mi., Do.
12:00–23:00 Uhr
Fr., Sa.
12:00–24:00 Uhr
Sonn- und Feiertage
10:30–23:00 Uhr
Ruhetag: Dienstag

19

Gasthof-Hotel zum Koppen in Gemünden am Main

Über der fränkischen Dreiflüssestadt Gemünden (die Sinn mündet hier in die fränkische Saale und diese dann in den Main) thront die Ruine Scherenburg. Weithin bekannt ist sie durch die Festspiele, die seit 1989 alljährlich hier stattfinden und tausende Besucher in die Stadt zwischen Spessart, Rhön und Fränkischem Weinland ziehen. Erbaut wurde sie vermutlich vor 1243 von den Grafen von Rieneck zur Sicherung der Zolleinnahmen bei der Überquerung des Mains und der Grenze zu Würzburg.

Unterhalb der Scherenburg, in den beschaulichen Gässchen der Altstadt Gemündens, finden wir eines der ältesten Wirtshäuser Deutschlands, auf jeden Fall aber das älteste der Stadt: 2009 feierte das Wirtshaus zum Koppen 500-jähriges Jubiläum. 1509 hieß das Gasthaus noch „Zur guten Herberge“ und war die letzte Möglichkeit zur Rast, bevor es über den Zollberg nach Hanau weiterging. Am Ufer des Mains gelegen, bot es Unterkunft für Flößer, Schiffer und Leinreiter, die mit ihren Pferden Kähne und Schiffe flussaufwärts zogen. Die alten Ställe geben Zeugnis von dieser Zeit. Heute können Rad- oder Bootsfahrer, die im Koppen Quartier nehmen, dort ihr Vehikel sicher parken.

Erster namentlich bekannter Wirt war der Bierbrauer Josef

Links: Der moderne Wintergarten. Rechts: Eine alte Weinpresse im Kaminzimmer

Brönner, der 1811 im Realienbuch des Bezirksamtes Gemünden genannt wird. Zu dieser Zeit hieß der Gasthof „Zum Kapaunen". Nachdem dessen kinderlose Tochter das Anwesen nach dem Tod ihres Mannes verkauft hatte, ging es an den Daglfinger Müller Balthasar Huber. 1890 kauften Brauer Anton Horn und seine Ehefrau Anna Maria, geb. Kern, die Wirtschaft, mittlerweile mit dem Namen „Zum Koppen". Die Bezeichnung „Koppen" ist übrigens eine mundartliche Variante des vorherigen Namens „Kapaun": ein kastrierter Masthahn, der als Braten früher eine beliebte Delikatesse der Reichen und Schönen und vermutlich auch eine Spezialität des Hauses war. Heute gibt es vor allem in Frankreich noch Mäster, deren Hähnen (frz. chapon) ein solches (relativ kurzes) Eunuchenleben blüht. Dort kommen sie – wie bei uns Gänse – besonders gern zu Weihnachten auf den Tisch.

Der Gasthof zum Koppen ist also seit 1890 im Besitz der Familie, die heute den Familiennamen Richter führt. Seit 1985 leitet Axel Richter zusammen mit seiner Frau Jutta das Traditionshaus in vierter Generation. Während Küchenchef Axel in seinem Reich für die Zubereitung typisch fränkischer und interna-

tionaler Gaumenfreuden zuständig ist, kümmert sich Restaurantfachfrau Jutta um die Gäste und die Hotelzimmer.

Einen wunderbaren Eindruck vom Äußeren des Anwesens bekommt man vom 2009 angebauten, haushohen Wintergarten aus. Das Vitrum, wie dieser nach dem lateinischen Begriff für Glas benannt wurde, überdacht an der dem Main zugewandten Giebelseite die zuvor offene Terrasse. Da die Konstruktion an die Form des Satteldachs angepasst ist, kann man die unverputzte Sandsteinfassade in ihrer Gänze betrachten. Groß prangt in goldenen Lettern über den Fenstern des Obergeschosses die alte Aufschrift „Fränkischer Gasthof Hotel ‚Zum Koppen'". Die Einrichtung mit modernen braunen Lederlehnstühlen harmoniert mit den Stahlträgern des Anbaus und steht in interessantem Kontrast zu der altehrwürdigen Front des Gasthofs. Fein eingedeckt, bietet das Vitrum einen ganz besonderen Rahmen für Feierlichkeiten mit bis zu 100 Personen.

Im Inneren des Gebäudes ist in zwei Gasträumen Platz für etwa 75 Gäste. Im Zentrum des Kaminzimmers befindet sich ein großer offener Kamin, der winters die Stube wärmt. Eingerahmt wird er von einer alten Weinpresse, die zugleich auch als Garderobe dient. Die vielen dunklen Sichtbalken an der Decke und der Terrakotta-Fliesenboden schaffen ein rustikales Gepräge. Edle Tischwäsche und noble weiße Lederlehnstühle verleihen dem Raum Eleganz.

In der Weinstube, dem Hauptraum im vorderen Teil des Gasthauses, sorgen die kassettierte Holzdecke und die gut 150 Jahre alte braune Vertäfelung für einen stimmungsvollen Rahmen. Viele Bilder und Zeichnungen, Ortsansichten, Familienfotos und Bücher machen die Stube zu einem Ort, an dem man sich wie zu Hause fühlt und wo man gern auf einen oder mehrere Schoppen Frankenwein einkehrt.

Die Weinstube mit ihrer 150 Jahre alten Vertäfelung

Axel Richter verwöhnt seine Gäste mit Gutem aus Franken und ausgefalleneren internationalen Spezialitäten. Neben saisonalen Leckereien, wie Spargel und Pilzen oder Wild aus dem Spessart (von Sohn Thomas persönlich erlegt), bietet die Karte insbesondere internationale Fischgerichte, ein Steckenpferd des Küchenchefs. Norwegischer Skrei-Kabeljau, irischer Wildlachs, Jakobsmuscheln und Seeteufel sowie Fische aus heimischen Gewässern, Zander, Hecht und Bachsaibling, treffen auf fränkisches Weinsüppchen, zarten Braten vom Hirschkalb, Spessartreh, Wildschwein und Wildhasen-Terrine. Immer wieder gibt es auch Menüabende, bei denen zu Musik, Lesungen oder regionalen Festlichkeiten für kulinarischen Hochgenuss gesorgt wird.

Kein Wunder also, dass nicht nur die Gemündener dem Koppen regelmäßig ihre Aufwartung machen und Feierlichkeiten mit ihren Liebsten vorzugsweise hier begehen. Auch Gäste von weiter her wissen die hervorragende Küche und die freundliche, familiäre Atmosphäre zu schätzen und nehmen bisweilen eine längere Anfahrt auf sich. So hielt es auch schon der bekannte Dichter Joachim Ringelnatz (1883–1934): „Ich stieg aufs Geratewohl in Gemünden aus, fand viel Frohsinn, drollige Gassen und Häuser, logierte mich im Hotel Koppen ein und trank der Kellnerin Therese zuliebe fünfzehn Schoppen Wein." Salut!

Gasthof-Hotel zum Koppen

Obertorstraße 22
97737 Gemünden am Main

Telefon: 09351 / 97500

www.hotel-koppen.de

Öffnungszeiten:
Dienstag–Samstag
ab 17:30 Uhr
Sonntag und Feiertage
10:30–14:00 Uhr
Ruhetag: Montag

Ein historischer Heizkörper

20

Hotelgasthof Buchenmühle in Lohr-Steinbach

Vor vielen Jahren, als im Spessart die Wege noch schlecht und nicht so häufig als jetzt befahren waren, zogen zwei junge Burschen durch diesen Wald ... So beginnt die Rahmenerzählung „Das Wirtshaus im Spessart" des dritten Bandes von Wilhelm Hauffs (1802–1827) Märchenalmanach. Zwar ist unser Wirtshaus nicht dasjenige, das Vorbild war für Hauffs Räubergeschichte (dabei handelte es sich vermutlich um eine alte Poststation in Mespelbrunn), doch bietet die Buchenmühle im Buchental bei Lohr eine nicht minder märchenhafte Kulisse im sagenumwobenen Spessart.

Nur vier Kilometer von der Stadt Lohr entfernt, liegt sie im Tal des Buchenbaches und ist eine von sieben alten Mühlen entlang dieses Gewässers, die einst die Region mit Mehl und Brot versorgten. 1726 vom Würzburger Fürstbischof Franz Christoph von Hutten erstmals erwähnt, drehte sich hier das Mühlrad noch bis 1927. Entstanden war die Mühle ehedem als herrschaftliches Jagdhaus für Feiern und Übernachtungen. Um dabei den fürstlichen Geldsäckel zu schonen, gehörte neben der Mühle auch eine Landwirtschaft dazu, und Wallfahrer des nahen Marienwallfahrtsortes Mariabuchen konnten hier Quartier nehmen. Das Haus konnte sich so selbst finanzieren. Bis zur Säkularisation lag das Anwesen in den Händen der Fürstbischöfe, seit

1806 ist es in Privatbesitz. Seit 1997 ist das Ehepaar Elfriede und Heribert Endres mit Leib und Seele Mühlenbesitzer.

Den Mühlbetrieb gibt es heute nicht mehr und auch die Landwirtschaft wurde schon 1972 eingestellt. Speis, Trank und Herberge finden Reisende und Ausflügler allemal noch in der Buchenmühle. Wer hier einkehrt, den erwarten fränkische Gaumenfreuden aus der Region mit internationalen Anklängen, dazu fränkische Bierspezialitäten und Weine, und das alles in einer einmalig idyllischen Lage.

Über eine Brücke über den Buchenbach erreicht man den langgestreckten, zweigeschossigen Rotsandsteinbau mit Walmdach und Satteldgauben. Links und rechts wird der Gasthof von Wiesen gesäumt, auf denen die alljährlichen Sommergäste, drei Mutterkühe mit ihren Kälbchen, nicht nur bei Kindern Verzückung auslösen. Dahinter steht schweigend der Wald. Ausreichend Parkplätze und ein Buswendeplatz stehen

hinter dem Haus zur Verfügung, ohne die Naturidylle zu beeinträchtigen. Auf der einladenden Terrasse an der mit wildem Wein bewachsenen Vorderseite sitzen wir beschattet unter großen Schirmen, entspannt vom Plätschern des Mühlbachs. Die umgebende Natur ist für Kinder ein ganz besonderer Abenteuerspielplatz, aber auch „konventionelle" Spielgeräte sorgen für Kurzweil bei den kleinen Besuchern. Auf der Wiese darf man übrigens nach Absprache auch sein Zelt aufschlagen.

Im Inneren bietet die Buchenmühle zwei stilvolle Gasträume und einen Gewölbekeller. Das Erdgeschoss ist komplett barrierefrei ausgebaut. Im Kaminzimmer linker Hand des Eingangs können etwa 22 Gäste auf den bequemen, ledergepolsterten Lehnstühlen Platz nehmen. Dank des von Oktober bis März angeheizten offenen Kamins herrscht immer behagliche Wärme. Dunkle halbhohe Täfelung, edle weiße Tischwäsche sowie Rehgeweihe und Bilder mit Jagdmotiven schaffen ein vornehmes Flair und stehen dem ehemaligen Jagdsitz gut zu Gesicht. Angenehmes Licht kommt von den filigranen Messinglampen mit hübschen Glasschirmen.

In den Gastraum rechter Hand gelangt man durch den schmalen Schankraum, in dem sich auch die Rezeption befindet. Bis zu 50 Personen kommen in dem nobel eingerichteten Restaurant unter. Die dunklen Sichtbalken an der Decke, die mächtige hölzerne Stützsäule und die edle kassettierte Täfelung verleihen dem in zartem Rosa gehaltenen Raum eine Atmosphäre gediegener Behaglichkeit.

Links: Oben die Wahfahrtskirche Maria Buchen oberhalb der Buchenmühle, unten eine Gedenktafel für den Frankenapostel Kilian mit seinen Begleitern Kolonat und Totnan

Das Wirtshaus im Spessart

„Es war ein langes, aber niedriges Haus, ein Karren stand davor, und nebenan im Stalle hörte man Pferde wiehern. Am Ofen in einem Armstuhl schlief ein Mann, der seiner Kleidung nach ein Fuhrmann und wohl auch der Herr des Karrens vor der Tür sein konnte. An der andern Seite des Ofens saßen ein Weib und ein Mädchen und spannen."

So beschreibt Wilhelm Hauff (1802–1827) in seinem „Maerchenalmanach für Söhne und Töchter gebildeter Stände" auf das Jahr 1828 das Wirtshaus im Spessart. Die Veröffentlichung seines Werks erlebte der romantische Schriftsteller nicht mehr.

Die Novelle erzählt die Erlebnisse des Goldschmieds Felix während seiner Gesellenwanderung. Auf seinem Weg durch den düsteren und gefährlichen Spessart gerät er in die Fänge einer Räuberbande. Die Geschichte nimmt ihren Lauf, als Felix und sein Kamerad im gleichen Gasthaus Quartier beziehen wie eine Gräfin mit ihrem Gefolge, auf die es die Räuber abgesehen haben.

Die gleichnamige Filmkomödie von Kurt Hoffmann aus dem Jahr 1958 nach der Hauff'schen Erzählung ist jedem Cineasten ein Begriff. Die Produktion mit Liselotte Pulver in der weiblichen Hauptrolle wurde einer der erfolgreichsten deutschen Filme der 1950er-Jahre.

Als inspirierendes Vorbild für das Wirtshaus im Spessart diente Hauff vermutlich das Gasthaus Alte Post in Mespelbrunn-Hessenthal, das optisch der eingangs erwähnten Schilderung entspricht. Hauff war in der ehemaligen Posthalterei auf der Strecke Brüssel–Würzburg–Prag im Jahr 1826 selbst zu Gast.

Der rustikale Gewölbekeller wird für Familien- oder Betriebsfeiern sowie für Wein- und Bierproben mit bis zu 50 Gästen gerne gewählt. Im Gegensatz zum vorderen Teil blieb der hintere unverputzt und ermöglicht so einen Blick in die Substanz des alten Gemäuers. Von großen Trümmern bis zu kleinen Brocken wurde alles verwendet, was der Spessart ringsum hergab.

Beliebt bei Hochzeitspaaren ist vor allem die romantische Scheune, die mit Fußbodenheizung und Wärmelampen sogar im Frühjahr und Herbst nutzbar ist. Auch hier wurde mit Rotsandstein gebaut, und das offene Gebälk bietet Sicht in den Dachstuhl. Mit rund 90 Gästen kann hier bis zum Morgengrauen gefeiert werden – Nachbarn, die sich gestört fühlen könnten, gibt es nicht. Diverse Auszeichnungen bestätigen die vielen gelungenen Veranstaltungen und zufriedenen Gäste.

Die Speisekarte in der Buchenmühle ändert sich alle vier Wochen und wird von Elfriede Endres zusammen mit den beiden Küchenmeistern entworfen. Vom klassischen Schäufele über das Ragout vom heimischen Wild bis zum vegetarischen Auflauf oder Flammkuchen reicht die Palette. Mit herzhaften Brotzeiten stärken sich müde Wanderer und Wallfahrer.

Fraglos also gibt die Einkehr in der Buchenmühle jedem Ausflug den letzten Schliff, sei es nun ein Pilgergang zur 1692–1701 erbauten Wallfahrtskirche Mariabuchen (sie ist von der Buchenmühle aus direkt über einen Treppenweg zu erreichen) oder eine Wanderung auf einem der zahlreichen wildromantischen Wege durch das Buchental. Auch Motorradfahrer sind herzlich willkommen. Im Gasthaus liegen Tourenpläne bereit – und Hausherr Heribert Endres kann sogar mit Insidertipps aufwarten.

Die Buchenmühle wurde aus Rotsandstein erbaut. Links: Einer der massiven Pfeiler im Gewölbekeller. Rechts: Die Außenfassade ziert ein schmiedeeiserner Balkon – fast wie Romeo und Julia in Lohr ...

Hotelgasthof Buchenmühle

Buchentalstraße 23
97816 Lohr am Main

Telefon: 09352 / 87990

www.buchenmuehle.de

Öffnungszeiten:
Dienstag–Sonntag
ab 11:30 Uhr
Ruhetag: Montag

21

Hotel-Gasthof Krone in Lohr am Main

Wunderschön entfaltet sich die Altstadt von Lohr am Main vor ihren Besuchern beim Spaziergang durch die schmalen Gassen mit ihren historischen Fachwerkhäusern. Die Stadt entstand im 13. Jahrhundert auf dem Hügel um die St. Michaelskirche. Neben dieser stand einst die Burg der Grafen von Rieneck, bis 1559 das herrschende Adelsgeschlecht in Lohr. Kirche, Burg und Siedlung waren mit einer Mauer befestigt. Innerhalb dieses Berings, in unmittelbarer Nähe zur Kirche, gibt es seit jeher das Gasthaus Krone. Die Jahreszahl über dem Treppenportal belegt die Erbauung im Jahr 1589. Es ist der älteste bis heute bewirtschaftete Gasthof in Lohr. Es wird zwar vermutet, dass die Krone sogar noch älter ist, indes fehlt dafür der Nachweis. Fest steht allerdings, dass das Gebäude schon immer als Gastwirtschaft für Durchreisende diente. Bei der Orientierung halfen dabei die Ausleger an

Willkommene Gäste lädt der Ausleger der Krone ein ...

den Häuserfronten. Heute ziert den Ausleger des Hauses ein goldener Adlerkopf mit einer Krone im Schnabel. Einen schönen Anblick bietet auch das aufwendig gestaltete Zierfachwerk am Obergeschoss des imposanten Gebäudes. Wenn man genau hinsieht, kann man an einer Ecke der Fassade eine versteckte Besonderheit entdecken: eine geschnitzte Schreckfigur, die auf die Vorbeigehenden herabblickt, um böse Geister vom Hause fernzuhalten.

1898 begründete Hans Gerlach mit dem Kauf des Hauses die bis heute bestehende Familientradition. Legendären Ruf erlangte die Gaststätte unter Wirtin Anny Gerlach, der Großmutter des heutigen Wirts. Sie kam in den 1920er-Jahren in die Krone und war eine Wirtin, wie sie im Buche steht. Mit Hingabe führte sie den Betrieb über 60 Jahre lang und kümmerte sich engagiert um das Wohl ihrer Gäste. In schweren Zeiten ließ sich die mutige und resolute Frau nichts gefallen. Sie wusste sich zu helfen und behütete das Gebäude. Viele Erinnerungen und Geschichten, positive wie negative, stecken in dem historischen Gemäuer. Auch Annys Enkel verbrachten die meiste Zeit ihrer Kindheit in der Krone. Daher ist es nicht verwunderlich, dass eben diese, Christiane und Hatto Schecher, seit 1986 die Familientradition fortführen.

Schon beim Betreten der Gaststube stößt man auf die nächste Geschichte: Der Blick fällt auf die imposante Theke, deren aufwendige Schnitzereien zwei Männer zeigen, die gerade ein riesiges

... böse Geister werden von den geschnitzen Fratzen an der Fassade abgeschreckt

Wildschwein erlegen. Das erinnert an die Zeit nach dem Zweiten Weltkrieg, als die Amerikaner den Lohrern die Waffen abgenommen und das Jagen verboten hatten. Die Nahrung wurde allmählich knapp und die Bevölkerung litt Hunger. Da traf es sich, dass sich ein Wildschein in der Stadt verirrte und sogleich von zwei Lohrer Schützen gejagt und erlegt wurde. Aber die Freude währte nicht lange, denn die Aktion wurde von den Amerikanern beobachtet und das Wildschwein konfisziert.

Das Jagen ist überhaupt ein ständig wiederkehrendes Thema in den Gaststuben, denn der Großvater war passionierter Jäger. Daher findet man neben einem Wildschweinkopf andere ausgestopfte Tiere und natürlich Hirschgeweihe. Weitere persönliche Erinnerungsstücke in den drei Stuben sind beispielsweise die aus Holz geschnitzten Figuren, die die Hängelampen zieren; sie stellen Freunde des Großvaters dar. Zwei Bilder mit im Profil dargestellten Frauen zeigen Großmutter Anny und ihre Tochter. Ein Gast hat die beiden Bilder in den 1950er-Jahren gezeichnet, als er seine Zeche nicht bezahlen konnte.

Wer nun neugierig auf noch mehr Geschichten des Hauses geworden ist, der wende sich getrost an den Wirt der Krone. Seine Erzählungen genießt man am besten bei einem der vielen schmackhaften Gerichte der gutbürgerlich-fränkischen Küche, vielleicht gar – lauschend und leicht erschaudernd – bei einem Wildschweinbraten?

Wildschweine im Spessart

22 156 Wildschweine, als Delikatesse den Deutschen spätestens seit Asterix und Obelix ein Begriff, wurden im Jagdjahr 2013 in Unterfranken erlegt, allein 11 084 davon in den Landkreisen Aschaffenburg, Miltenberg und Main-Spessart. Zum Vergleich: Im Jahr 1993 waren es in Unterfranken noch 11 581 Abschüsse insgesamt. Kürzere und wärmere Winter verringern die natürliche Sterblichkeit des Schwarzwilds, und Maisanbau auf den Ackerflächen liefert den Schweinen nahrhaftes Kraftfutter. Die Folge ist ein rasantes Anwachsen der Wildschwein-Population. Besonders im Spessart fühlen sich die Schwarzkittel wohl. In den ausgedehnten Mischwäldern mit großem Buchen- und Eichenbestand finden sie nicht nur Unterschlupf, sondern auch jede Menge Bucheckern und Eicheln als Nahrung. Um landwirtschaftliche Nutzflächen vor Wühlschäden und Verbiss zu schützen und um Wildunfällen vorzubeugen, hat die Jägerschaft im Spessart mit der Hege des Schwarzwilds alle Hände voll zu tun. Für die Gastronomie in der Region und Liebhaber des aromatischen, fettarmen Fleisches bedeutet das: Wildschweinbraten, -salami, -bratwurst und andere Spezialitäten das ganze Jahr über. Am beliebtesten ist das zarte Fleisch der sogenannten Überläufer, also der Jungtiere von ein bis zwei Jahren mit einem Gewicht zwischen 30 und 60 Kilogramm.
Angst vor radioaktiver Belastung des Wilds, wie in anderen Teilen Bayerns, braucht man im Spessart nicht zu haben. Die Werte liegen weit unter dem zulässigen Grenzwert. So kann das zu 100 Prozent ökologische Wildbret unbesorgt genossen werden.

Hotel-Gasthof Krone

Lohrtorstr. 2
97816 Lohr am Main

Telefon: 09352 / 2529

www.krone-lohr.de

Öffnungszeiten:
Saison April–Oktober:
Restaurant Dienstag–Sonntag
11:00–23:00 Uhr
Ruhetag: Montag
Im Winter für Hotelgäste und auf Anfrage geöffnet

Gasthaus Schönbrunnen in Lohr am Main

Im Jahr 2002 wurde das Gasthaus Schönbrunnen am Unteren Marktplatz in Lohr in neuem Glanz wiedereröffnet. Über zwei Jahrzehnte lang galt das verlassene und nach seiner Schließung 1980 zusehends verfallende Gebäude als Schandfleck. Doch glücklicherweise nahm sich die Arnsteiner Brauerei Bender noch rechtzeitig des traditionsreichen Gebäudes an, das im 17. Jahrhundert erbaut und 1818 erstmals als Gastwirtschaft erwähnt wurde. Mit Gespür für die historische Bausubstanz und mit Liebe zum Detail wurde die Gaststätte in enger Zusammenarbeit mit Wirtin Margitta Gottschalk instand gesetzt. Die Mühe wird von den vielen Gästen belohnt: Wenn das Gasthaus jeden Morgen um 9 Uhr seine Türen öffnet, bleibt kein Platz lange unbesetzt. Den ganzen Tag über herrscht reges Treiben: Nach den Frühstücksgästen kommen die hungrigen Mittagsbesucher, danach gibt es Kaffee und Kuchen, und

Der Schönbrunnen liegt am Unteren Marktplatz

im Anschluss sind auch schon die Abendgäste da. Besonders Kaffeeliebhaber sollten sich das Frühstück im Schönbrunnen merken, denn da gibt es Kaffee, so viel man mag.

Eigentlich wollte Margitta den hausgemachten Leberknödel mit Sauerkraut und Brot nicht auf ihre Speisekarte setzen, aber als sie von früheren Stammgästen mehrfach darauf aufmerksam gemacht wurde, dass dies einst die Spezialität des Hauses gewesen sei, ließ sie sich überreden, das Gericht zumindest in der Eröffnungswoche anzubieten. Seitdem steht er als begehrte Spezialität auf der Karte. Ansonsten zaubert die Küche bodenständige, fränkische Schmankerl, wie Sauerbraten und Bratwürste mit Sauerkraut und Dunkelbiersauce. Zusätzlich werden die Klassiker Schweineschnitzel, Rumpsteak und Brotzeiten sowie eine große Fischauswahl und einige vegetarische Gerichte angeboten.

Genießen lässt sich das Essen entweder auf der Sonnenterrasse direkt am Unteren Marktplatz oder in der guten Stube. Der große, unterteilte Raum wirkt behaglich und einladend. Nicht umsonst nennt ihn Margitta gerne ihr Wohnzimmer. An den Wänden hängen historische Aufnahmen des Gebäudes. Bemerkenswert sind die filigranen Schnitzereien, die sich im hinteren Bereich des Raums verstecken. In den Balken über der Theke wurden Weinreben und florale Ornamente um den Spruch „1414 – In Lohr würd mersch g'wohr! – 1951“ eingearbeitet. Die Lohrer verwenden diese Floskel, wenn etwas passiert, was einen zum Schmunzeln bringt.

Ein goldener Brunnen ziert den Ausleger

Auch die vier sogenannten Charakterköpfe auf den Enden der Sitzbänke wollen nicht übersehen werden: Die teils grimmig, teils lustig dreinschauenden Köpfe haben glücklicherweise ihren Weg wieder zurück in den Schönbrunnen gefunden, denn als Margitta die Gastwirtschaft übernahm, waren sie nicht mehr da. Erst Stammgäste, die die Gastwirtschaft noch von früher kannten, erzählten der neuen Wirtin von den kleinen Holzköpfen und wo sie früher platziert waren. Kurzerhand begab man sich auf die Suche. Tatsächlich machte man sie ausfindig: Heute schauen die Charakterköpfe – der Melancholiker, der Phlegmatiker, der Sanguiniker und der Choleriker – wieder von den Eckbänken.

Im ersten Stock liegt das sogenannte „Schmuckkästchen", ein Raum, der gerne für private Feiern genutzt wird. Von dort aus hat man einen schönen Blick auf das bunte Treiben vor dem Haus.

Es macht Freude, Wirtin Margitta bei ihrer Arbeit zuzuschauen. Die Frohnatur pflegt einen ausgesprochen freundschaftlichen Kontakt mit ihren Gästen, setzt sich gerne mit an den Tisch und bleibt auf einen kurzen Plausch, bevor sie wieder zurück an die Theke geht und ihres Amtes waltet – denn es soll ja schließlich kein Gast den Schönbrunnen durstig verlassen müssen!

Gasthaus Schönbrunnen

Hauptstraße 28
97816 Lohr am Main

Telefon: 09352 / 9341

www.schoenbrunnen-lohr.de

Öffnungszeiten:
täglich ab 9:00 Uhr

Weinhaus Mehling in Lohr am Main

Die Lohrer lieben ihr Schneewittchen, neuerdings auch in der Version als „Horrorwittchen" – das Graffito eines Gymnasiasten, das die Märchengestalt als mordlüstiges Weib mit dem Dolch in der Hand zeigt, ist inzwischen auf T-Shirts und Tassen omnipräsent. Und ebenso lieben die Lohrer ihr Weinhaus Mehling. Durch die unmittelbare Nähe zum alten Rathaus war es schon immer Treffpunkt für städtische Beamte, und so mancher Beschluss wurde wohl hier bei einem oder mehreren guten Schoppen im Nebenzimmer, dem Ratsstüble, gefällt.

Im Kern besteht das schmale, giebelständige Gebäude mit Schopfwalmdach seit dem 17. Jahrhundert. Die Fassade im Stil der Neurenaissance geht auf das Jahr 1887 zurück. Dies ist auch das Jahr, in dem Müller Richard Mehling das Haus erwarb. Zuvor war er mit der Wirtstochter vom Grünen Baum die Ehe eingegangen, und so konnte er den schmucken Ausleger, damals Zeichen der

Links: Vom Alter der Einrichtung zeugen die leicht durchhängenden Tischplatten

Schanklizenz, an seinem neuen Besitz anbringen. Bis heute finden wir dort den grünen Baum.

Die traditionelle Kombination aus Bäckerei und Weinstube erwies sich als glücklich und wurde von Sohn Franz Mehling ab 1911 erfolgreich fortgesetzt. Auf sein Schaffen geht die heutige Ausstattung der vorderen Stube zurück, die seit 1933 in dieser Form als Weinstube besteht. Bis dahin diente sie als Bäckereiverkaufsraum, der seitdem links des Eingangs liegt. Das weitgehend original erhaltene Interieur präsentiert sich in angenehmem Rotbraun und vermittelt feinsinniges und zugleich bodenständiges Stilempfinden. Edles Fischgrätparkett ergänzt die wandhohe Vertäfelung und die Holzbalkendecke, die mit Malereimotiven wie Brezeln und Weintrauben verziert ist. Knapp unter der Decke bringen Lebensweisheiten den dem Zechen mehr oder minder stark zugeneigten Besucher zum Schmunzeln. Die schlichten Tische, Stühle und die umlaufende Wandbank stammen ebenfalls noch aus den 1930er-Jahren. Gedämpftes Licht fällt durch die farbig bleiverglaste Fensterzeile. Zudem wird die gute Stube von kunstfertig geschnitzten Lampen beleuchtet, die mit Winzer-, Wirts- und Nachtwächtermotiven ganz in der Tradition gepflegter Weinkultur stehen. Der aufmerksame Gast wird auch die Löcher in der Wand

Schneewittchen in Lohr am Main

Wer Lohr am Main einen Besuch abstattet, wird bald merken, dass die Stadt etwas mit dem Schneewittchen der Gebrüder Grimm zu tun haben muss. Und tatsächlich! Der Lohrer Apotheker und Historiker Dr. Karlheinz Bartels meinte 1986 herausgefunden zu haben, dass der Ursprung des Märchens – sofern es ein reales Vorbild dafür gegeben haben sollte – in Lohr zu finden sei. Er beendete seine Recherchen mit dem Ergebnis, dass Freifräulein Maria Sophia Margaretha Catharina von Erthal das wahre Schneewittchen gewesen sei. Sie wurde 1725 im Lohrer Schloss als Tochter des Freiherrn Philipp Christoph von Erthal geboren. Zu der Theorie passt nicht nur, dass er nach dem Tod seiner Frau ein zweites Mal geheiratet hat, sondern auch, dass ihm die kurmainzische Spiegelmanufaktur unterstand. Der vermeintlich sprechende Spiegel kann heute im Spessartmuseum im Lohrer Schloss, neben anderen prächtigen Glasobjekten, bestaunt werden.
Wie gelangen wir nun zu den sieben Zwergen? Dem Märchen nach natürlich über die sieben Berge. Schneewittchens vermutlicher Fluchtweg ist heute als 35 Kilometer langer Schneewittchen-Wanderweg ausgeschildert und führt vom Schloss in Lohr durch den Spessartwald nach Bieber. Früher wurde in dem hessischen Gebiet Bergbau betrieben. Vor allem Kinder und Kleinwüchsige wurden für die schwere Arbeit in den engen Stollen verpflichtet. Und so haben wir auch die Zwerge gefunden.
Die Indizien sprechen also dafür: Schneewittchen war eine Lohrerin!

zum Nebenraum bemerken: Amerikanische 20mm-Geschosse haben hier im Mai 1945 ihre Spuren hinterlassen.

Das anschließende Nebenzimmer, das Ratsstüble, war früher der Hauptgastraum, und hier finden wir gediegenes klassizistisches Ambiente aus dem frühen 19. Jahrhundert. Die stuckverzierte Decke, die dreiviertelhohe Wandvertäfelung und das dunkle alte Mobiliar atmen den Geist einer 200-jährigen Wirtshauskultur. Oberhalb der Täfelung sind drei historische Wandmalereien mit den Weinorten Lohr, Iphofen und Randersacker erhalten.

Während noch bis Mitte des 20. Jahrhunderts die Bäckerei den Schwerpunkt des Geschäfts bildete, verlagerte ihn Bäckermeister Josef Mehling, der das Haus 1960 von seinen

In der Mitte der Vertäfelung kann man noch die Einschüsse der Amerikaner von 1945 sehen

Der lange Gang verbindet die drei Gaststuben im Erdgeschoss

Eltern übernahm, auf die Weinwirtschaft. Dabei wurden auch die Gasträume sukzessive erweitert: Die „alte Diele" im Obergeschoss bietet Platz für 30 Gäste und wird gern und häufig von örtlichen Vereinen und Gruppen für Treffen genutzt. Das Kellergewölbe aus Sandstein wurde ebenfalls für Gäste ausgebaut, und im Winterhalbjahr finden hier regelmäßig Theaterveranstaltungen der Lohrer Laienschauspielgruppe statt.

1994 ist mit Matthias und Michael Mehling die vierte Generation ins Geschäft eingestiegen. Die beiden haben die Speisekarte erweitert und im Anschluss an Weinstube und Ratsstüble einen weiteren Nebenraum eingerichtet: das neue Zimmer. Helle Vertäfelung und Lampen mit Buntglasschirmen harmonieren ausgezeichnet mit den freiliegenden Deckenbalken aus dem 17. Jahrhundert.

Die Küche im Mehling bietet neben den kalten Brotzeiten und den Backwaren aus der Bäckerei, die hier seit jeher zu bekommen sind, nun auch warme Gerichte an. Die Karte zeigt sich im nostalgischen Design von 1956. Zwischen Texten und Holzschnitten des mainfränkischen Künstlers Richard Rother (1890–1980) finden wir gefüllten Schweinebraten, Rumpsteak, Lohrer Forelle und vegetarische Gerichte. Nicht fehlen dürfen Wurst- und Käseplatten, die zum Frankenwein besonders gut schmecken, und die Leckereien aus der Backstube: zum Beispiel Weinecken, Zwiebelkuchen und Bratwurst im Schlafrock. Die traditionelle Brezel aus süßem Hefe-Blätterteig bäckt immer noch der Seniorchef persönlich.

Ist Josef Mehling nicht in der Backstube, trifft man ihn oft in der Weinstube bei seinen Gästen an. Viele sind seit Jahren oder Jahrzehnten Stammgäste. Um die 30 Stammtische treffen sich hier regelmäßig, und auch Touristen schätzen die Einkehr im Traditionsweinhaus. Plant man also einen Besuch am Abend oder am Wochenende, empfiehlt sich unbedingt eine Reservierung.

Die Einkehr im Mehling lässt sich übrigens trefflich mit einer Runde durch das wenige Schritte entfernte Spessartmuseum im Schloss verbinden. Dort erfährt man, warum Schneewittchen eine Lohrerin gewesen sein muss. Der streng fabulologisch-wissenschaftliche Nachweis wurde natürlich im Mehling geführt. Bei einem Schoppen Fabulologenwein wird die Geschichte nachvollziehbar!

Weinhaus Mehling

Hauptstraße 30
97816 Lohr am Main

Telefon: 09352 / 2602

www.weinhaus-mehling.de

Öffnungszeiten:
Montag–Freitag ab 16:00 Uhr
Samstag, Sonntag, Feiertage ab 11:00 Uhr

24

Alte Brauerei in Karlstadt

Karlstadt im Landkreis Main-Spessart wurde 1202 von Konrad von Querfurt gegründet. Die Stadt diente Würzburg als Verteidigungsstandort gegen die Grafen von Rieneck. Bemerkenswert ist, dass Karlstadt quasi auf dem Reißbrett geplant wurde: Die Straßenzüge sind quadratisch angeordnet. Das lässt sich noch heute gut im historischen Altstadtkern erkennen.

Mitten in der Altstadt, in der Nähe des Oberen Torturms und gegenüber der Spitalkirche, steht die Alte Brauerei. Das imposante Gebäude fällt durch sein aufwendiges Zierfachwerk im Oberge-

schoss auf. Das giebelständige, bereits 1572 als Wohnung errichtete Vorderhaus trägt ein Schopfwalmdach. Das Hinterhaus diente zur Unterbringung der Geschäftsräume. Dort gab es im Laufe der Zeit unter wechselnden Besitzern eine Eisenwarenhandlung, eine Schmiede und eine Badestube. Eine Brauerei wurde im Haus erst gegen Ende des 18. Jahrhunderts eingerichtet. Bereits 20 Jahre danach kam der Brauereibetrieb zum Erliegen, doch die Gaststätte blieb bestehen. Seit 1901 wird sie unter dem Namen Alte Brauerei geführt, sehr zur Freude der Karlstädter und insbesondere der vielen Fahrradtouristen, die heutzutage über den Werntal- oder den Maintal-Radweg in die Stadt kommen.

Mittlerweile wurden die im hinteren Bereich gelegenen Räumlichkeiten zu 20 Hotelzimmern umgebaut. Seit 2006 ist die Alte Brauerei in Händen der gelernten Hotelfachfrau Britta Diminic und des Küchen- und Restaurantmeisters Wolfgang Bonney.

Um für Abwechslung auf gehobenem Niveau zu sorgen, haben sich die beiden Pächter einige Aktionen zum Thema Erlebnisgastronomie ausgedacht. Diese Angebote können mit oder ohne Hotelübernachtung gebucht werden. Zur Auswahl stehen beispielsweise ein Fünf-Gänge-Menü mit passender Weinbegleitung oder – für die, die es gerne aktiver mögen – ein Kochkurs für ein Mehr-Gänge-Menü, welches nach vollbrachter Tat dann sogleich am Abend serviert wird. Die Themen der Kochkurse können im Vorfeld abgesprochen werden. Wer es etwas ruhiger angehen lassen will und stimmungsvolle Stunden zu zweit sucht, dem sei das romantische Candle-Light-Dinner empfohlen. Mit solchen Angeboten lässt sich der Aufenthalt in Karscht, wie die Karlstädter sagen, angenehm abrunden.

Das fällt auf: Kachelofen und Theke sind einheitlich gefliest (rechts).
Mitte unten: Der heilige Florian an der Außenfassade

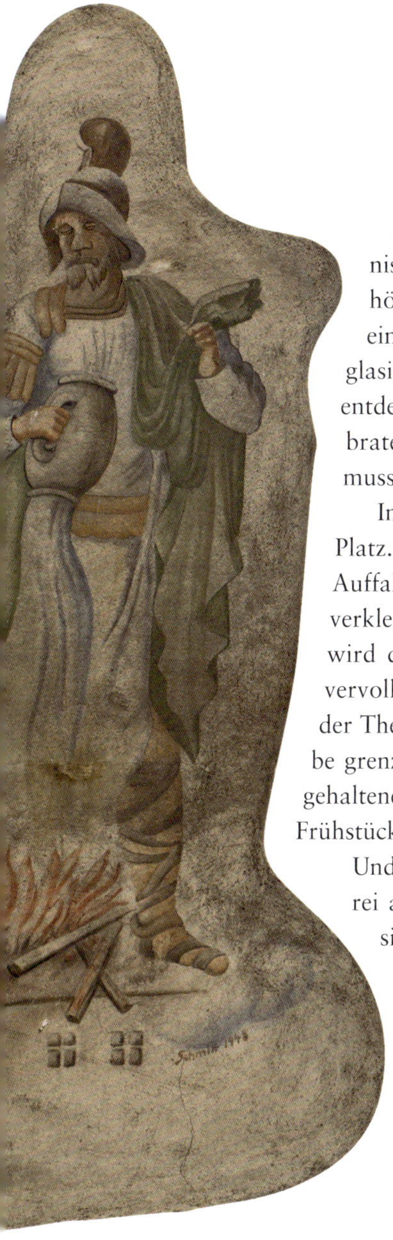

Auch ohne die Mitarbeit der Gäste in der Küche ist diese ein Erlebnis! Der Küchenchef verfeinert bodenständige und fränkische Speisen höchst kreativ. So kann man ausgefallene Gerichte wie etwa „mit einer Pilzfarce gefüllte Hirschrouladen auf Hagebuttenschaum, dazu glasierter Rosenkohl und hausgemachte Kartoffelklöße" auf der Karte entdecken. Wer es etwas üppiger mag, kann sich auch eine ganze Gans braten lassen, die dann am Tisch stilvoll tranchiert wird. Allerdings muss das Gericht vorbestellt werden.

In der geräumigen, gefliesten Gaststube finden bis zu 60 Personen Platz. Die hellen Sitzbänke sind so gestellt, dass Sitznischen entstehen. Auffallend ist die in vielfältigen Formen spielende rötlich-braune Holzverkleidung der Decke. Das Ambiente wird durch einen grünen Kachelofen vervollständigt, dessen Fliesen sich an der Theke fortsetzen. An die Hauptstube grenzt das kleine, in kräftigem Blau gehaltene Stüble an, das vor allem für das Frühstücksbuffet genutzt wird.

Und natürlich bietet die Alte Brauerei auch einen gemütlichen Außensitz, von bepflanzten Blumenkästen eingefasst. Hier kann man das beschauliche Karscht auf sich wirken lassen – wenn man nicht gerade zum hauseigenen Kocherlebniskurs enteilen muss …

Alte Brauerei Karlstadt

Hauptstraße 58
97753 Karlstadt

Telefon: 09353 / 97710

www.alte-brauerei-karlstadt.de

Öffnungszeiten:
Montag–Samstag
17:30–24:00 Uhr
Sonn- und Feiertage
11:00–15:00 Uhr
Ruhetag: Donnerstag

25

Gasthaus Brückenbäck in Arnstein

Kehren wir heute ein beim Brückenbäck in Arnstein! Etwa auf halber Strecke zwischen Würzburg und Schweinfurt gelegen, ist die kleine Stadt an der Wern von der A7 aus schnell zu erreichen. Im Jahr 1333 wurde die Siedlung von Kaiser Ludwig dem Bayern (1282/86–1347) zur Stadt erhoben. Aus der Luft ist dem Ort die mittelalterliche ringförmige Straßengliederung noch gut anzusehen. Direkt am äußersten Ring, gegenüber dem alten Schweinemarkt, finden wir unser Wirtshaus.

Brückenbäck – der Name ‚Bäcker an der Brücke' hatte seine Berechtigung: Direkt hinter dem Haus fließt der Schwabbach vorbei, über den einst auch eine Brücke führte. Heute ist der Bach an dieser Stelle jedoch in ein Kastengerinne eingefasst und dem Blick verborgen. Wie früher üblich, war auch der Brückenbäck einmal eine Bäckerei mit zugehöriger Schankstube, erstmals urkundlich erwähnt im Jahr 1572. Das Gebäude, ein zweigeschossiger Halbwalmdachbau mit vorkragendem Fachwerkobergeschoss, wurde im 17. und 18. Jahrhundert errichtet. Der Anbau zum Schweinemarkt erfolgte im 19. Jahrhundert.

Hans Steinert, der Urgroßvater der heutigen Brückenbäck-Wirtin Bianca Steinert, erwarb die Bäckerei mit Schankwirtschaft im Jahr 1905. In seiner „Geschäfts-Empfehlung“ versprach er damals unter anderem, „nur reine Weine und Möste“ einzuschenken. Der gebürtige Heidingsfelder war weit herumgekommen, bevor er sich in der Nähe seines Heimatortes, eben in Arnstein, niederließ. Als Bäckergeselle auf der Walz hatte er in den Jahren 1895 bis 1900 weite Teile Europas, Nordafrikas und Kleinasiens durchwandert. Tausende Kilometer zu Fuß, ohne Navigationsgerät und Handy – für uns heute kaum mehr vorstellbar.

Auch sein Sohn Edmund Steinert, der ihm als Brückenbäck-Wirt folgte, war ein wissbegieriger Mann und ging lange Jahre auf Wanderschaft. Das Ergebnis seiner Reisen ist der Steinert-Almanach, in dem alle Zahlen, Daten und Fakten aus den Bereichen Geschichte, Geographie, Wirtschaft, Verkehr, Natur und Sport versammelt sind, die er im Laufe seines Lebens zusammengelesen hat. Ein beeindruckendes zeithistorisches Dokument, das Ihnen Bianca Steinert mit Sicherheit gern zeigen wird – fragen Sie einfach nach!

Geschäfts-Empfehlung.

Der geehrten Einwohnerschaft von Arnstein und Umgegend die ergebene Anzeige, daß ich von heute an die von Herrn **Stefan Heinrich** dahier käuflich erworbene

Bäckerei mit Weinwirtschaft

„Zum Brückenbäck“

übernommen habe und bitte ich um geneigten Zuspruch.

Es wird mein eifriges Bestreben sein, meine werten Kunden und Gäste durch Herstellung eines guten Backwerkes und den Ausschank nur reiner Weine und Möste zu befriedigen und bitte, das Herrn Heinrich geschenkte Vertrauen auf mich übertragen zu wollen.

Arnstein, den 1. April 1905.

Hans Steinert.

Nach den Großeltern führten ab 1988 die Eltern Michael und Christa Steinert den Brückenbäck weiter. Sie sorgten 1994/95 durch Renovierung und Umbau für eine Modernisierung und Erweiterung der Räumlichkeiten und übergeben den Betrieb nun an die vierte Generation: Wie ihre Vorfahren, so ist auch die gelernte Hotelfachfrau und Köchin Bianca Steinert

Der ehemalige Brotbackofen

nach fünf Jahren im Ausland wieder in die Heimat zurückgekehrt, um den Familienbetrieb im Jahr 2015 zu übernehmen, unterstützt von Mutter und Tante in der Küche. Herzhaft-fränkische Hausmannskost gibt's im Brückenbäck, wie schon zu Großmutters Zeiten, allerdings nix für Schäufele-Fans: Flädelesuppe, Leberklößchensuppe mit Schwemmerli, herzhafte Schnitzel und würzige Rinderrouladen. Saftige Steaks, vegetarische Speisen und wechselnde Tagesgerichte ergänzen die Karte. War der Brückenbäck früher vor allem Weinausschank, so gibt es heute neben dem beliebten Frankenwein eine erfreulich vielfältige Bierauswahl von den Brauereien Arnsteiner, Würzburger Hofbräu und Mönchshof.

In der gemütlichen Gaststube fühlen wir uns sogleich gut aufgehoben. Besonders donnerstags und sonntags, wenn die Stammtische versammelt sind, geht es zünftig zu. Rund 50 Gäste finden hier Platz. Zum Mittagstisch kommen Arnsteiner, Gäste aus der Umgebung und Touristen. Am Wochenende sind es oft Hausgäste, die in den Fremdenzimmern Quartier bezogen haben, oder Familien, die bei ihrer Feierlichkeit die Steinert'sche Gastfreundschaft in der Stube oder einem der Nebenräume genießen.

In der alten Backstube erinnert die Front des Brotbackofens mit Kacheln, Luken und Messanzeigern noch an den Bäckereibetrieb. Etwa 18 Gäste können in der Stube beisammensitzen, noch einmal 19 im Nebenraum. Hier wird auch das Frühstück für die Übernachtungsgäste serviert. Platz für Veranstaltungen mit bis zu 100 Personen ist im neu eingerichteten, barrierefreien Saal.

Seit über 400 Jahren schon besteht in Arnstein die Tradition des Brückenbäcks, ein Viertel dieser Zeit lenkt Wirtsfamilie Steinert dessen Geschicke. Damals wie heute ist er eine Institution in der Stadt, ein lebendiger Beweis dafür, dass es in der Heimat am schönsten ist. Und wer könnte das besser beurteilen als gerade die Steinerts?

Gasthaus Brückenbäck

Scheinemarkt 1
97450 Arnstein

Telefon: 09363 / 90750

www.gasthaus-brueckenbaeck.de

Öffnungszeiten:
Montag–Freitag
07:00–14:00 Uhr
17:00–24:00 Uhr
Samstag und Sonntag
9:00–14:00 Uhr
18:00–24:00 Uhr
Ruhetag: Mittwoch

26

Brauereigasthof Werneck in Werneck

Bis Anfang des 19. Jahrhunderts gehörte der Markt Werneck im Landkreis Schweinfurt zum Hochstift Würzburg. Hier ließen sich die Fürstbischöfe an der Stelle einer ehemaligen Burg um 1601 einen herrschaftlichen Sitz errichten. Nachdem die Anlage durch einen Brand zerstört worden war, errichtete der berühmte Baumeister Balthasar Neumann im Auftrag von Fürstbischof Friedrich Karl von Schönborn 1733–1745 das imposante Barockschloss als Sommerresidenz. Um die Mitte des 19. Jahrhunderts etablierte man im Schloss eine der ersten deutschen Heil- und Pflegeanstalten für psychisch Kranke. Heute ist in den Räumlichkeiten Deutschlands größte orthopädische Fachklinik untergebracht. Die dazugehörige englische Parkanlage und der barocke Schlossgarten sind für die Öffentlichkeit zugänglich, ebenso die Schlosskapelle.

Auf das Wirken der Fürstbischöfe geht auch die Entstehung einer Brauerei in Werneck zurück. Sie hatten nämlich innerhalb ihres Stadtgebiets verboten, Bier zu brauen, da die Würzburger den bischöflichen Wein trinken sollten. Das führte nach einigen harten Wintern und verregneten Sommern um 1600 zu einem Problem: Mit den eigenen Weingütern

Rechts unten: Ein Werbeplakat der früheren Bierbrauerei Adolf Wurm

war die Versorgung nicht mehr sicherzustellen. So ließ Fürstbischof Julius Echter 1617 notgedrungen in Werneck eine Bierbrauerei errichten, um damit das eigene Verbot halbwegs elegant zu umgehen. Heute ist in dem historischen Gebäude der Brauereigasthof Werneck untergebracht; für die Brauerei wurde nebenan, in Richtung Wurmsee, ein Dreiseithof errichtet.

Bei dem 1617 erbauten ehemaligen Brauereigebäude und jetzigen Gasthof mit seinen meterdicken Mauern handelt es sich um einen zweigeschossigen Halbwalmdachbau. Er steht direkt an der Straße, die auf das Schloss zuführt, und bietet somit ein eindrucksvolles Panorama. Das Schmuckstück des Hauses ist zweifellos der herrliche Biergarten. Hier sorgen die alten Kastanienbäume ebenso wie die frisch gezapften Wernecker Biere für die nötige Abkühlung im Hochsommer. Begrenzt wird der Garten von einer mit Efeu überwucherten Steinwand zur Brauerei. Sollte es regnen, kann man sich in zwei großen, zu Sitzgelegenheiten umgebauten alten Bierfässern zusammenkuscheln.

Zu den Vorzügen des Wernecker Brauereigasthofs zählt es, dass die Küche durchgängig geöffnet hat. Damit ist eine spontane Hungerattacke zu unüblicher Stunde, zum Beispiel während einer ausgedehnten Rad- oder Wandertour im Landkreis Schweinfurt, kein Problem. Nach einer ausgiebigen Stärkung bei schmackhaften fränkischen Speisen ist man für die nächste Etappe gerüstet. Wer es trotzdem nicht mehr weiter schafft, kann eines der Fremdenzimmer des Gasthofs beziehen.

Die Auswahl auf der Speisekarte ist beeindruckend. Auf den Tisch kommen diverse Brotzeiten, Schnitzel- und Bratenvariationen, fränkisches Hochzeitsessen (Tafelspitz mit Meerrettichsoße und Bandnudeln) oder Fischgerichte von Saibling, Forelle und Matjes. Natürlich dürfen Bratwürste und Blaue Zipfel nicht fehlen. Spezialität des Hauses sind die zarten Rumpsteaks vom Jungrind und das Sahnegeschnetzelte vom Truthahn. Erweitert wird die Palette durch vegetarische Speisen, bunte Salatteller und spezielle Kindergerichte. Und für wen das noch nicht genug Auswahl ist, der kann gerne anrufen und sich sein individuelles Lieblingsessen bestellen.

Auch innen erfreut der Brauereigasthof Werneck durch seinen einfachen bodenständigen Charme. Insgesamt 120 Personen können auf drei Stuben verteilt sitzen. Jeder Raum ist anders eingerichtet und verfolgt ein unterschiedliches Farbschema. Die erste Stube, in der sich auch die Theke befindet, ist in schlichtem Weiß gehalten. Hier werden die Biere der Brauerei präsentiert. Auch die beiden anderen Räume laden zum Verweilen, wenn der Biergarten geschlossen ist. Wie auch immer – das Motto der Brauerei überzeugt: „Wernecker Brauerei – das hast du dir verdient!“

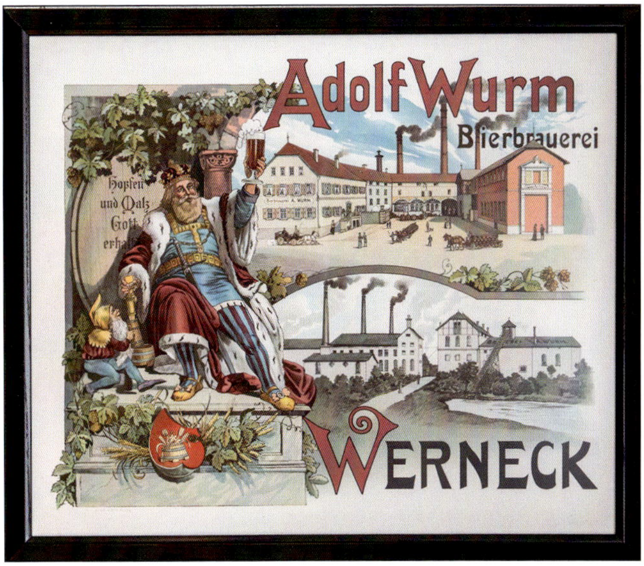

Brauereigasthof Werneck

Schönbornstraße 2
97440 Werneck

Telefon: 09722 / 91080

www.brauereigasthof-werneck.de

Öffnungszeiten:
Montag–Samstag
12:00–21:00 Uhr
Sonntag
11:00–21:00 Uhr

27

Die Alte Amtsvogtei in Grafenrheinfeld

Grafenrheinfeld liefert einen schönen Beleg dafür, welch großartige Projekte sich verwirklichen lassen, wenn die Gemeinde eingreift: Im Jahr 1626 ließ das Fürstbistum Würzburg das stattliche Gebäude am Kirchplatz 4 als Haus für den Amtsvogt errichten. Im Laufe der Jahrhunderte änderte sich die Nutzung des historischen Bauwerks mehrfach. Anfang des 19. Jahrhunderts bezog die Gastwirtschaft zum Hirschen die Räumlichkeiten. Doch das alte Gemäuer kam im Laufe der Zeit immer mehr herunter und konnte schließlich nicht mehr genutzt werden. Ein Abriss der denkmalgeschützten Alten Amtsvogtei kam jedoch nicht in Frage, prägte sie doch schon seit fast 400 Jahren mit ihrer schönen Fassade mit Volutengiebeln aus der Spätrenaissance wesentlich das Bild des Kirchplatzes. Dann kam die Gemeinde 1988 ins Spiel, nahm sich des Objekts an und beschloss eine umfangreiche Renovierung. Ziel der drei Jahre währenden Arbeiten war es, den herrschaft-

lichen Glanz des Gebäudes wiederherzustellen. Daher orientierte man sich an den Materialien, Farben und Verzierungen des 17. Jahrhunderts, gleichzeitig wurden die Voraussetzungen für einen modernen Gastronomiebetrieb geschaffen, um hier wieder eine Gaststätte eröffnen zu können.

Zu einem Wirtshaus braucht man natürlich einen passenden Wirt. In diesem Fall hatte die Gemeinde Grafenrheinfeld das Glück, in Matthias Hofmann und Harald Hobner ein engagiertes, junges Team zu finden, das bereits gut eingespielt war. Mit Haralds Frau und zwei Auszubildende bezogen sie 1995 die Räumlichkeiten und hauchten dem Haus neues Leben ein. Der Sprung in die Selbstständigkeit als Wirte brachte gewaltige Herausforderungen mit sich, aber man wuchs mit seinen Aufgaben. 20 Jahre später spricht der Erfolg für das Konzept. Man merkt sofort: Die beiden Wirtsfamilien haben ihr Herz an das Gebäude gehängt.

Auf dem Weg zur Gaststube gelangt man durch die gewölbte Tordurchfahrt mit repräsen-

tativem Sandsteinportal in den gemütlichen Innenhof. 90 Personen können hier sitzen, im Schatten der Kastanienbäume und umgeben von blühenden Oleanderpflanzen.

Die große geflieste Wirtsstube selbst bietet Platz für 70 Personen. Die Sichtbalken der weißen Decke und die Unterzüge sind in einem kräftigen Gelbton abgesetzt. Auch die Streben des kleinen Kreuzgewölbes in einer separaten Nische wurden gelb gestrichen. Die intensive Farbe verleiht der Stube einen angenehmen Hauch einstiger Herrschaftlichkeit, und der optische Genuss trägt zweifellos zum kulinarischen Wohlbefinden bei. Die Speisekarte bietet eine reichliche Auswahl an gutbürgerlichen, fränkischen Gerichten. Neben Brotzeit-, Vesper-, Fisch-, und Kindergerichten serviert die Küche vor allem Braten und verschiedene Steaks mit frei wählbaren Beilagen. Ergänzt wird das Angebot durch eine große Saisonkarte.

Eine ganz andere Atmosphäre erwartet den Gast im historischen Kellergewölbe mit seinen unverputzten Steinwänden. Wo einst Rüben und Kohlen gelagert wurden, kann man heute Feiern mit bis zu 55 Personen ausrichten oder Weinverkostungen erleben.

Auf dem Weg von der Gaststube zum Festsaal im ersten Stock bewundern wir die stilvoll gemalten Verzierungen über den Türen. Sie sind jenen originalen Ausschmückungen nachempfunden, die bei den Arbeiten am Gebäude entdeckt wurden. Unter einer schützenden Glasscheibe gibt es eine der erhaltenen ursprünglichen Malereien zu sehen. In dem beige gestrichenen Saal mit filigranem Deckenstuck können bis zu 120 Personen feiern.

Wem Grafenrheinfeld bisher nur wegen seines (inzwischen stillgelegten) Atomkraftwerks mit den beiden gigantischen Kühltürmen ein Begriff war, wird ob des historischen Flairs staunen, den die Alte Amtsvogtei zu bieten hat. Die Wirte Matthias und Harald sind gerne behilflich beim Genießen!

Ob im Biergarten oder in einer der Gaststuben (links): Für die Qualität der Speisen sorgt der Chef, dessen flammende Begeisterung deutlich wird

Alte Amtsvogtei

Kirchplatz 4
97506 Grafenrheinfeld

Telefon: 09723 / 2025

www.amtsvogtei-grafenrheinfeld.com

Öffnungszeiten:
Montag–Samstag
11:00–14:00 Uhr
17:30–21:30 Uhr
Sonn- und Feiertage
11:00–21:00 Uhr

Gasthof Anker-Stube in Wipfeld

Das malerische Dorf Wipfeld mit seinen etwa 1100 Einwohnern liegt am Beginn der Volkacher Mainschleife. Auf dem Main-Radweg ist es ein beliebter Anlaufpunkt für Radfahrer. Eine Fähre ermöglicht ein geruhsames Übersetzen an das andere Mainufer. Auch Wanderer wissen die natürliche Landschaft zu schätzen. Wipfeld selbst hat zwei Wanderwege zu bieten: Der nach dem berühmtesten Sohn der Stadt, dem Humanisten und Dichter Conrad Celtis (1459–1508) benannte Rundweg führt durch den historischen Ortskern und macht mit den sorgfältig sanierten mittelalterlichen Gebäuden und ihrer einstigen Nutzung bekannt. Der zweite Weg ist dem örtlichen Weinbau gewidmet: Das kleine Dorf ist für seine guten Zehentgrafen-Weine bekannt. Auf 85 Hektar wachsen die unterschiedlichsten Rebsorten. Und so kann man sich auf dem 3,3 Kilometer langen Zehentgrafen-Weinweg über diese Weine, die Arbeit der Winzer und die Pflege der Reben informieren.

Für eine kleine Pause zwischendurch bieten sich die guten fränkischen Gastwirtschaften vor Ort an. Da empfiehlt sich besonders die Anker-Stube in unmittelbarer Nähe zur Fähre. Kein Wunder, dass hier die Speisekarte von der Nähe zum Main geprägt ist: Sie präsentiert eine große Auswahl an Fischgerichten, unter anderem die in der Region berühmten Meefischli. Das sind kleine frittierte Fische aus dem Main, der im Dialekt „Mee" heißt. Außerdem kommen Brotzeiten und typisch fränkische Gerichte auf den Tisch, wie gebackener Kalbskopf, Knöchle mit Weinsauerkraut und selbst gemachte Bratwürste, oder Klassiker wie Schweineschnitzel, Rumpsteak, Käsespätzle und Holzfällersteak. Besondere Schmankerln gibt es am Sonntag, wenn Küchenchefin und Wirtin Jutta verschiedene Braten mit Kloß und Soß' zubereitet.

Wenn man echt fränkische Wirtshauskultur erleben möchte, sollte man dabei sein, wenn Wirt Klaus Dülk sein Akkordeon auspackt. Einmal im Monat findet nämlich das beliebte Wirtshaussingen statt. Der Ankerwirt ist ein leidenschaftlicher Musiker und eine Hälfte des Ankerstuben-Duos.

Auf den ersten Blick erkennt man nicht unbedingt, dass das Anwesen mit dem Fachwerkobergeschoss eigentlich aus zwei Häusern besteht. Der hintere Gebäudeteil ist der ältere. Er wurde 1705 errichtet und gehörte dem Fischer Hans Heroldt dem Jungen, was eine Inschrift auf dem steinernen

Blick von der Galerie in die 2005 sanierte Frankenstube

Torbogen am Kellertor belegt. Das vordere Gebäude, in dem die Gastwirtschaft untergebracht ist, wurde gut 50 Jahre später errichtet. Wann genau beide zusammengefügt wurden, weiß man nicht. Es muss auf jeden Fall vor 1835 passiert sein.

Gasthof Anker-Stube

Mainstraße 3
97537 Wipfeld

Telefon: 09384 / 903790

www.ankerstube.net

Öffnungszeiten:
Montag, Dienstag, Freitag, Samstag
12:00–23:00 Uhr
Sonn- und Feiertag
11:30–21:00 Uhr
Ruhetage:
Mittwoch, Donnerstag

2001 setzte Wirt Klaus die Segel in der Anker-Stube und nahm mit frischem Wind und Musik Kurs auf eine neue Wirtshausära. Unter seinem Kommando erhielt die Gastwirtschaft ein neues Gesicht. Die größte Veränderung erfuhr die Frankenstube. Zu ihr gelangt man über eine Außentreppe entlang der Hausmauer, hinauf zum einstigen Fischerhaus. Bis 2005 in desolatem Zustand, wurden der Raum und das alte Fachwerk von Grund auf saniert und als weitere Gaststube eingerichtet. Das Ergebnis kann sich sehen lassen: ein heller hoher Dachstuhl mit alten Holzbalken, Fachwerk und einer Galerie. Dort oben können 20 Personen sitzen, unten haben 50 Gäste Platz. Auch eine kleine Bar und eine Küche gibt es hier, in der allerdings nicht im großen Stil gekocht wird. Aus diesem Grund werden die Gäste in diesem Raum mit einem üppigen Buffet versorgt.

Main und Wein – da steht einem feucht-fröhlichen Besuch in der Anker-Stube doch eigentlich nichts mehr im Wege. Folgen Sie einfach den Akkordeon-Klängen!

29

Gasthof zum Schiff in Obereisenheim

Wussten Sie, dass die Wiege des deutschen Silvaners in Unterfranken steht? Um genau zu sein: in Obereisenheim. Als Isinleiba bzw. Isleiba wird der Ort im Jahr 772 im Urkundenbuch des Klosters Fulda erstmals erwähnt. Seit 1739 ist die Siedlung am Mainufer mit der Marktgerechtigkeit ausgestattet.

Die Geschichte des deutschen Silvaners beginnt am 5. April 1659. Wie die Urkunde verlauten lässt, verkaufte der Obereisenheimer Gerber und Wirt Georg Krauß an diesem Tag 25 Österreicher Fechser – so nannte man die Rebsorte damals – zum Preis von 8 Schilling und 3 ½ Pfennigen nach Castell, wo sie dann wenige Tage später angepflanzt wurden. Bis dahin war die Sorte in Deutschland unbekannt. Vermutlich war es Georg Krauß' Frau, die bei ihrem Kuraufenthalt im Wildbad Castell den Kontakt zum zuständigen Amtmann hergestellt hatte.

Aber wer waren die Wirtsleute, die mit ihrem zukunftsweisenden Einfall dem fränkischen Silvaner den Weg bereiteten? Niemand anderes als die Vorfahren der heutigen Wirtsleute Krauß vom Gasthof zum Schiff in Obereisenheim! Schon seit dem 17. Jahrhundert ist die Familie dort ansässig

und versorgt Gäste und Reisende. 1810 taucht das Wirtshaus unter dem Namen Zum Schiff erstmals in Dokumenten auf. Als Herberge und Einkehr für Schiffer, Fährleute und Treidelbauern war es eine wichtige Station an der Mainschleife.

Im Inneren des Gasthauses erinnert viel an diese Tradition: Malereien zeigen den Ort und die Mühsal der Fährmänner, auf der Lampenstange stakt ein geschnitzter Fahrensmann. Die Holzarbeiten stammen aus den 1960er-Jahren und präsentieren neben dem Schiffermotiv auch einen Häcker und einen Wirt (oder doch eher Zecher?) – alle drei Zünfte versammelt in der Stube.

Dem aufmerksamen Gast wird auch die schmiedeeiserne Teufelslampe ins Auge fallen. Sie wurde in einer örtlichen Schmiede gefertigt, denn mit dem Obereisenheimer Beelzebub hat es eine besondere Bewandtnis: Der Sage nach, es muss um 1200 gewesen sein, als die Klosterherren zu Fulda noch die Obereisenheimer Weinberge bewirtschafteten, bemerkte der Kellermeister regelmäßig einen Schwund an den frisch gefüllten Weinfässern. Er lauerte dem heimlichen Trinker auf und fand den Teufel höchstselbst auf dem Fass hocken und Wein saufen! Der Entdeckte wollte sogleich flüchten, doch der beherzte Mönch konnte noch den Schwanz des Teufels in der Tür einklemmen. Der Ertappte versprach alsbald alles, um nicht mehr geprügelt zu werden, und so wurde man sich einig. Der Mönch ließ ihn unter einer Bedingung frei: „Du lässt von deiner höllischen Hitze jedes Jahr unserem Weinberg einen Teil zukommen, so dass die Trauben tüchtig kochen und braten und einen Tropfen geben, wie man ihn nirgends mehr findet." So ist auch die Weinlage, die Obereisenheimer Höll, zu ihrem Namen gekommen. Heute begleitet der gehörnte Geselle die Weinprinzessin zu ihren Terminen und reicht den Gästen einen Schluck aus seinem Teufelskelch.

Links: Von der Terrasse eröffnet sich ein herrlicher Blick auf den Main und die Weinberge

Das Ruder im Schiff hat seit 2012 Manuela Krauß in der Hand und führt die Familientradition mit ganzem Herzen fort. Altbewährtes hat sie beibehalten und zugleich frischen Wind in die gute Stube gebracht. Die Küche bietet fränkische Spezialitäten und kreative Kombinationen für Neugierige. Neben fränkischem Zwiebelfleisch, gebackenem Kalbskopf mit Speckkartoffelsalat und selbstgemachter Hausmacherbratwurst dürfen freilich auch die Meefischli nicht fehlen („Mee" ist die mundartliche Bezeichnung für den Main). Traditionell sollen die fangfrisch zubereiteten Fischchen, in der Regel Ukeleien, Rotfedern und Rotaugen, nicht größer sein als der kleine Finger der Statue des hl. Kilian auf der Würzburger Mainbrücke. Experimentierfreudige werden an außergewöhnlichen Gerichten wie gebratenem Zander mit würziger Quittensoße, Chili, Ingwer und Zimt mit Sicherheit Gefallen finden. Saisonale Gustostückerl ergänzen die Karte.

Ins Glas kommt dazu das süffige Bier der Privatbrauerei Friedrich Düll in Krautheim – schon seit über 100 Jahren. Den charakterstarken Obereisenheimer Silvaner, den wir im Prinzip ja der Wirtsfamilie zu verdanken haben, genießt man am besten im Rahmen der „kleinen Weinprobe". Sechs verschiedene der edlen Tropfen warten darauf, verkostet zu werden.

An kalten Tagen sitzt man dabei gemütlich in der fränkischen Stube, die samt Nebenzimmer bis zu 65 Gästen Platz bietet. Die Einrichtung aus schlichtem, qualitätvollem Holz, die die Großeltern in den 1960er-Jahren angeschafft haben, steht dem bodenständigen, ehrlichen Wirtshaus gut zu Gesicht. Besonders heimelig wird es beim Winterwirtshaussingen, wenn mit Gitarre und Quetsch'n aufgespielt wird. Die Stammtischler landen seit Jahren montags, freitags und sonntags mit der Fähre zum Frühschoppen an. Im Sommer zieht es alle nach draußen auf die geräumige Terrasse mit Blätterdach. Hier genießen die Gäste den einmaligen Ausblick über den Main, die gegenüberliegenden Weinhänge und die kleine Mainfähre. Auch wenn heute keine Schiffer aus aller Herren Länder mehr anlegen – für Einheimische und Touristen ist es immer noch ein sicherer Hafen der Einkehr zu allen Gelegenheiten.

Gasthof zum Schiff

Hirtengasse 3
97247 Obereisenheim

Telefon: 09386 / 248

www.schiff-eisenheim.de

Öffnungszeiten:
April bis Ende Oktober
11:00–22:30 Uhr
warme Küche bis 21:30 Uhr
Ruhetage:
Dienstag, Mittwoch
ab Mai nur Dienstag

30

Hotel und Weinhaus Anker in Marktheidenfeld

In Marktheidenfeld kennt jeder die seit 1872 hier ansässige Winzer- und Wirtsfamilie Deppisch. Josef Deppisch kaufte damals den Gasthof zum goldenen Anker mit Fremdenzimmern und Weinberg. Das Haus stammt aus dem 16. Jahrhundert. Mit Talent und Geschick wurde die Gastwirtschaft über Generationen hinweg geführt. Im ursprünglichen Weinberg in der Weinlage Marktheidenfelder Kreuzberg wurde zunächst nur für den eigenen Verbrauch in der Gastwirtschaft angebaut. Heute liegt das Weingut Johannes Deppisch im benachbarten Erlenbach. Die Weine sind auch im eigenen Weingeschäft gegenüber der Gastwirtschaft zu erwerben.

Nachdem die früheren Fremdenzimmer nicht mehr zeitgemäß waren und auch nicht mehr für die zunehmenden Gästezahlen ausreichten, wurde 1970 das neue Hotel eröffnet. Seit 1993 kümmert sich Johannes Deppisch um das Weingut, während sein Bruder, Dr. Josef Deppisch, für Hotel und Gaststätte zuständig ist.

Seit jeher stand der Anker für eine gehobene Küche. So entwickelten sich das Hotel zu einer Vier-Sterne-Unterkunft und die Gastwirtschaft zu einem Gourmet-Restaurant. Schön, dass das alte Haus

Rechts: In der Alten Weinstube ist die vertäfelte Holzdecke mit Weinmotiven bemalt

dabei seinen Charme bewahren konnte! Fast unscheinbar steht der kleine, traufseitige Bau in der Obertorstraße 13 und wirkt wie eine bodenständige, fränkische Wirtschaft. Und genau das macht ihn so interessant. Denn auch innen bleibt man dem gemütlichen Charme eines Wirtshauses treu. Insgesamt gibt es drei Stuben: Linker Hand der Eingangstür liegt die Kleine Kanzlei. An sie schließt die Obertorstube an, deren Wand zum Flur hin aus Bleiglasfenstern besteht. Die beiden Räume sind durch eine Tür und absenkbare Fenster miteinander verbunden und können somit separat oder gemeinsam für private Feiern genutzt werden.

Am Ende des Flurs liegt rechter Hand die Alte Weinstube. Bereits beim Eintreten wird man durch den edlen, warmen Gesamteindruck des fast vollständig vertäfelten Raumes wohlig gestimmt. Das Konzept: Fränkische Gastlichkeit trifft auf modernes Gourmetrestaurant. Eine Besonderheit ist die fachgerecht restaurierte, mehrfarbige Holzdecke, die mit Ornamenten und Weinmotiven verziert ist. Höhepunkt eines perfekten Abends sind die köstlichen Gourmetmenüs. Die deutschen Gerichte werden mit Komponenten aus der französischen Küche angereichert. Restaurantleiter und Sommelier Uwe Dinges oder das zuvorkommende Servicepersonal beraten kompetent bei der Auswahl des jeweils passenden Weins. – Auch mittags bietet das Weinhaus Anker besondere Drei-Gänge-Menüs an.

Hotel & Weinhaus Anker

Obertorstraße 13
97828 Marktheidenfeld

Telefon: 09391 / 6004801

www.hotel-anker.de

Öffnungszeiten:
Täglich 12:00–14:00 Uhr
und 18:00–22:00 Uhr
Weinkeller Schöpple
Montag, Donnerstag–Samstag
18:00–24:00 Uhr
Sonntag 17:00–22:00 Uhr
und nach Vereinbarung
In den Sommermonaten
(ca. Mai–August) ist das
Kellerlokal geschlossen!

Wer es etwas ungezwungener mag, ist im Weinkellerlokal Schöpple genau richtig. Das alte Kellergewölbe aus Buntsandstein unterhalb der Gastwirtschaft wurde 1994 zum besonders stimmungsvollen Weinlokal umgebaut. Bei ein oder zwei Schoppen aus dem eigenen Weingut verweilt man gerne auch etwas länger und kann sich bei einer Auswahl an Brotzeiten und warmen Gerichten, wie Rinderroulade oder gebackenem Zander, stärken.

Freilich steht auch der 400-jährige Holzfasskeller im Hotelgebäude für Feiern und zu besonderen Anlässen zur Verfügung. In dem von Kerzen ausgeleuchteten Gewölbe, umgeben von großen, 100-jährigen Weinfässern, sitzt man an langen Tafeln. Die kleine Theaterbühne bietet die Möglichkeit für Kleinkunstveranstaltungen, für Alleinunterhalter, Zauberer, den „Kellermeisterchor", fränkisches Kabarett oder eine humorvoll moderierte Weinprobe.

Obwohl also das Hotel und das Weinhaus Anker den gehobenen Standard repräsentieren, wird im Hause Deppisch für jedermann etwas geboten. Meisterhaft, wie hier die Brücke zwischen gelebter Tradition, fränkischem Heimatbewusstsein und Moderne gespannt wird!

31

Bräustüble in Marktheidenfeld

Viele Radfahrer wissen die landschaftlichen Reize und die gut ausgebauten Radwege entlang des Mains zu schätzen. So ergibt es sich von selbst, dass die am Fluss gelegenen Orte beliebte Ausflugsziele sind, darunter auch Marktheidenfeld. Natürlich lohnt sich ein Besuch der Stadt mit ihren 11 500 Einwohnern auch für Nicht-Radfahrer. Zum Beispiel, wenn im Juli wieder einmal die „Karibische Nacht“ stattfindet. Zu diesem Anlass schließen sich die Marktheidenfelder Wirte zusammen und stellen ein in jeder Hinsicht, also auch kulinarisch abwechslungsreiches Programm auf die Beine. Ob Cocktails, Essen, Deko oder Musik – die ganze Stadt scheint auf einmal um ein paar Längen- und Breitengrade verrutscht zu sein.

Einer dieser Wirte ist Thomas Karpf vom Bräustüble. Und wo eine Braustube ist, da gibt es normalerweise auch eine Brauerei – in diesem Fall die Brauerei Martin. Sie wurde 1883 von den Brüdern Heinrich und Georg Martin gegründet. 1939 übernahmen sie den hiesigen Bürgerbräu, zu dem das Bräustüble anfangs gehörte.

Wer als hungriger Gast das Wirtshaus in der Mitteltorstraße 1 betritt, kann sich über eine große Auswahl an Gerichten freuen. Es gibt nicht nur eine feste Speisekarte, sondern zusätzlich eine spezielle Mittags- und eine Tageskarte, auf der vor allem saisonale Gerichte zu finden sind; hierauf legt

Rechts: Der kleine Saal im ersten Stock. Links und rechts unten: Holzfässer als Lampen sind eine originelle Dekoration

die Küche besonderen Wert. So wird beispielsweise der Schweinebraten mit Kloß im Winter mit Rahmwirsing und im Sommer mit frischem Marktsalat angeboten. Die Standardkarte zeichnet sich durch die traditionellen fränkischen Gerichte aus, wie Schweineschäufele, Blaue Zipfel und Bauern-g'röstel. Abgerundet wird das Angebot durch verschiedene Fleischgerichte vom Grill oder aus der Pfanne, wie Rumpsteak oder das Grillpfännle, und durch Fischvariationen sowie eine erstaunlich große Auswahl an veganen und vegetarischen Speisen.

Seit 1999 bewirtschaften Elvira und Thomas Karpf das Bräustüble. Per Zufall hatten sie erfahren, dass die Räumlichkeiten auf einen neuen Pächter warten. Da Thomas, gebürtiger Marktheidenfelder, schon immer ein Auge auf dieses Objekt geworfen hatte, war der Beschluss schnell gefasst und beide kehrten in die beschauliche Stadt zurück. Obwohl sie als ganz junges Team angefangen haben, konnte das Paar schnell überzeugen. Und jetzt blicken sie schon auf eine rund 16-jährige Bräustüble-Geschichte zurück.

Eingerichtet ist das Fachwerkhaus im typisch fränkischen Wirtshausstil. Dunkles Mobiliar prägt den Gastraum, der 50 Personen fasst. Auf die herrlich großen Tische legt Thomas Karpf besonderen

Wert: Sie sollen die Kommunikation fördern. Wie es sich für eine gute Wirtsstube gehört, steht die Geselligkeit an oberster Stelle. Also zusammenrücken und nicht schüchtern sein, heißt die Devise! Da das aber nicht jedermanns Sache ist, stehen mittlerweile auch ein paar kleinere Tische für die Grantler, Eigenbrötler und natürlich Freunde gemütlicher Zweisamkeit im Gastraum. Sollte einmal kein Platz zu finden sein, bleibt der kleine, ebenfalls 50 Personen fassende Saal im ersten Stock; er ist heller und schlichter dekoriert als die Gaststube unten. Zu einer Braustube gehört aber natürlich auch ein Biergarten: Der liegt direkt neben dem Haus. Bis zu 100 Personen können hier ihre Lieblingsbiersorte vom Martinsbräu genießen.

Bräustüble

Mitteltorstraße 1
97828 Marktheidenfeld

Telefon: 09391 / 1224

www.braeu-stueble.de

Öffnungszeiten:
täglich
11:00–14:00 Uhr
17:00–24:00 Uhr
Ruhetag: Donnerstag

32

Landgasthof-Hotel Löwen in Erlabrunn

Nur rund 15 Kilometer nordwestlich von Würzburg liegt mainabwärts der 1290 erstmals urkundlich erwähnte, beschauliche Ort Erlabrunn. Nach ihrem Motto „Altes erhalten, Neues gestalten" arbeitete die stetig wachsende Gemeinde seit 1991 an der Dorferneuerung, die 2011 abgeschlossen wurde.

Das älteste Wirtshaus am Platz ist der Landgasthof Löwen. Mit 1562 bezeichnet das Gewände der großen Tordurchfahrt im rechten Flügel das Erbauungsjahr des Gebäudes mit seinem hakenförmigen Grundriss. Seit der denkmalgerechten Sanierung 2005/06 präsentiert sich das altehrwürdige Anwesen mit Halbwalmdach und Fachwerkobergeschoss in neuem altem Glanz. Der filigrane Löwen-Ausleger prangt an der Fassade und zieht die Aufmerksamkeit schon von weitem auf sich.

Durch den Torbogen gelangt man zum Eingang des Gasthauses auf der linken Seite. Über der Tür begrüßt den Gast ein prächtiger Löwe in Glas. Im Hausflur dahinter lohnt sich ein Blick zurück: Von hier aus kommt der Leu erst richtig zur Geltung.

Durch eine weitere Tür links erreichen wir die Gaststube, die mit ländlichem Charme und eleganter Note aufwartet. Fliesenboden in verschiedenen Brauntönen, querlaufende Sichtbalken an der Decke und ein dunkler Unterzug bestimmen das Gesicht des gepflegten Landgasthofs. Zu beiden Seiten des Raumes sitzt man in heime-

Das Nebenzimmer – früher Tanzsaal – im Obergeschoss

ligen Nischen, die durch dezente Raumteiler getrennt sind. Beim romantischen Essen zu zweit fühlt man sich hier ganz ungestört. Ein vornehmes Gepränge verleihen der Stube die aufwändig eingedeckten Tische mit edler weißer Tischwäsche, üppigem Tafelarrangement und stilvollem Tischschmuck, passend zum anspruchsvollen Niveau der Küche. 35 Gäste finden hier Platz, um die ausgewählten fränkischen Spezialitäten und den aufmerksamen Service von Familie Prößl zu genießen.

Das Nebenzimmer im Obergeschoss steht für bis zu 70 Gäste parat. Früher war dies der Tanzsaal. Schon in den 1960er-Jahren wurde er verkleinert, um mehr Raum für größere, komfortablere Fremdenzimmer zu schaffen. Das Nebenzimmer bietet den passenden Rahmen für Familien- oder Firmenfeiern. Die umlaufende Bank fördert die zwischenmenschliche Kommunikation. Blickfang sind die bleiverglasten Fenster, die in ihrer Mitte jeweils Wappen aus der Region zeigen.

Für die feine Küche im Löwen ist seit 1997 Guido Prößl zuständig, der in vierter Generation seit 2013 das Zepter schwingt. Schon seit 1921 ist das geschichtsträchtige Gasthaus im Besitz der Familie. Gekauft hat es damals Urgroßvater Franz Beck, genannt „Borle Schwarz", seines Zeichens Viehhändler, Metzger und Landwirt. Über viele Jahrzehnte und Generationen war die Dorfwirtschaft Anlaufstelle und Treffpunkt für die Gemeinde. Damals wie heute kommen Gäste aus dem Ort und der Umgebung gern in den Löwen, der sich seit Anfang der 1980er-Jahre als Speiselokal etabliert hat. Der Ruhm der exquisiten Kochkünste der Familie Prößl hat sich eben verbreitet.

Frische und zeitgemäße Küche steht dabei in Einklang mit Region und Tradition. Kreativ abgerundet wird jedes Gericht zu etwas Besonderem. Der kulinarische Kalender beginnt zu Ostern mit zartem Hasen- und Lammbraten, gefolgt vom heimischen Spargel und köstlichen Mai-Schollen. Im Juni und Juli lockt leichte Sommerküche mit Pfifferlingen und Wildkräutern. Ab

Unten: Der gläserne Leu über der Eingangstüre

August stehen saftige Steaks auf der Karte, die mit raffinierten Beilagen und Dips das Herz eines jeden Feinschmeckers höher schlagen lassen. Im Herbst genießt man am besten die knusprige Bauernente klassisch mit Kloß, Blaukraut und Wirsinggemüse oder deftiges Wild aus heimischer Jagd. Und will man sich die berühmte Löwen-Gans in der Vorweihnachtszeit nicht entgehen lassen, sollte man unbedingt reservieren! Die exquisite Bouillabaisse in der Fastenzeit ist außerdem von Genießern hoch geschätzt und eine Rarität im Frankenland. Für bestimmte Vorlieben oder Wünsche, vegetarische, vegane, gluten- oder laktosefreie Gerichte, hat die Küche immer ein offenes Ohr.

In Erlabrunn hält der Landgasthof-Hotel Löwen als klassischer Familienbetrieb mit Kontinuität und Zeitgespür seine gastliche Tradition aufrecht. Mit Kreativität und Engagement bereichert Familie Prößl die mannigfaltige unterfränkische Wirtshauslandschaft auf individuelle Weise.

Landgasthof Löwen

Würzburger Straße 5
97250 Erlabrunn

Telefon: 09364 / 1327

www.loewen-erlabrunn.de

Öffnungszeiten:
Mittwoch, Donnerstag, Freitag
ab 17:30 Uhr
Samstag, Sonntag und Feiertage
11:30–ca. 14:00 Uhr
und ab 17:30 Uhr

33

Landgasthof zum Schwan in Kürnach

Knapp zehn Kilometer nordöstlich von Würzburg liegt die kleine Gemeinde Kürnach, die auf eine über 1200-jährige Geschichte zurückblicken kann. Inmitten des rund 4800 Einwohner zählenden Orts steht an der Hauptstraße der Landgasthof zum Schwan. Bereits in der fünften Generation zeichnet hier die Familie Heeg verantwortlich für das Wohl der Gäste des Traditionshauses. Die Geschichte des Hauses reicht jedoch noch weiter zurück: Bereits 1778 ist Marx Walter in der Chronik als erster Schwanenwirt genannt. Im Zusammenhang mit Kriegswirren Anfang des 19. Jahrhunderts wird der Gasthof dann unter dem Besitzer Hieronymus Scheller mehrfach erwähnt. Alte Rechnungen belegen, dass sowohl russische als auch preußische und österreichische Truppen in den Schwan kamen, um sich und ihre Tiere zu stärken und die Vorräte aufzufüllen. Ganze Kavallerie- und Infanterieregimenter

Links: Das Rebenzimmer. Rechts: Das Kachelofenzimmer. Unten rechts: Ein goldener Schwan verziert die Außenfassade

sollen durch den kleinen Ort gezogen sein und im Schwan Halt gemacht haben. Im Jahr 1883 wurde der Gasthof neu errichtet, und 1903 ging er mit Gregor und Viktoria Ringelmann in den Besitz der heutigen Familie Heeg über. Weitere Umbauten folgten. 1986 übernahmen Walter Heeg und seine Frau Gisela, geborene Ringelmann, das Haus und modernisierten es zum heutigen Landgasthof. Mittlerweile ist mit der gelernten Köchin und Hotelmanagerin Eva-Maria Heeg die fünfte Familiengeneration im Schwan tätig. Die Kürnacher haben sich durch den Namenswechsel allerdings nicht beirren lassen: Für sie ist der Landgasthof bis heute „der Ringelmann".

Im Rahmen der letzten großen Renovierung gaben Walter und Gisela Heeg dem Gasthof 1988 sein heutiges Gesicht. Man betritt das Haus durch die Schankstube, einen holzvertäfelten Raum mit passender Schanktheke und massivem Holzmobiliar. Sofort fällt die Dekoration mit Schwänen aller Art ins Auge. Im gesamten Gasthaus kann man sie auf Bildern oder als Porzellanfiguren entdecken. In einer über viele Jahrzehnte gewachsenen Tradition kommen im Schankraum die Stammtische zusammen und pflegen, auch wenn sie inzwischen weniger werden, das gesellschaftliche Leben des kleinen Ortes.

Durch einen offenen Durchgang geht es in das Kachelofenzimmer. Der namengebende Ofen steht zur Rechten des Eingangs, wurde 1988 gebaut und ist mit einer liebevollen Widmung des Hafners (Ofenbauers) Steinbrenner aus Schwarzach versehen. Der größte Gastraum des Hauses bietet Platz

für rund 70 Personen, hat eine umlaufende Holzvertäfelung, einen Holzboden und eine Decke mit Trag- und Sichtbalken. Porzellan- und Zinnteller, Weinflaschen, Bilder und die obligatorischen Schwäne unterstreichen die einladende, familiäre Atmosphäre. Und der Bestand der edlen Entenvögel wächst stetig: Schwäne in jedweder Form wurden und werden immer wieder gerne auch von Gästen als Präsent mitgebracht, weiß die Köchin und Chefin des Hauses zu erzählen.

Der dritte Raum, das Rebenzimmer oder Frankenstübchen, bietet sich für Familienfeiern oder gemütliche Stunden in kleiner Runde an. Außerdem dient die Stube als Frühstücksraum für die Hausgäste. Die an der Decke und teilweise am oberen Rand der Wände verlaufende goldgelbe Rebenmalerei auf grünem Grund war hier ausschlaggebend für die Namenswahl. Der Blick fällt in dem kleinen Raum auf zwei große Porträtbilder aus dem Jahr 1817, die allerdings weder etwas mit der Familie noch mit der Geschichte des Hauses zu tun haben.

Wer sich in einer der drei Gaststuben niederlässt, bekommt aus der Küche des Schwans traditionelle fränkische Gerichte serviert, die von Gisela und ihrer Tochter Eva-Maria gerne etwas moderner und leichter interpretiert werden. Natürlich stehen Schäufele und Schweinebraten immer auf der Karte, aber gerade Gerichte wie Ochsenbäckchen mit glasierten Radieschen und Kartoffel-Kräuterpüree oder Rehrücken mit Quittensößle, Krapfen und Feldsalat machen das Angebot spannend und abwechslungsreich. Verwendet werden dafür, soweit möglich, Produkte aus der Region, weshalb sich die Auswahl auch immer an den saisonalen Bedingungen orientiert. Wie gut die Küche und das Weinangebot im Schwan sind, zeigt die Tatsache, dass das Haus durch Wein.Schöner.Land ausgezeichnet wurde, obwohl Kürnach kein Weinort im traditionellen Sinne ist. Die angebotenen Weine stammen aber selbstverständlich alle aus der Weinregion Franken.

Der Familie Heeg ist es gelungen, dass der Landgasthof zum Schwan auch nach Jahrhunderten des Bestehens noch immer im Zentrum des gesellschaftlichen Lebens in Kürnach steht. Und das wissen neben den Einheimischen mittlerweile auch die zahlreichen Gäste von außerhalb zu schätzen.

Landgasthof zum Schwan

Semmelstraße 2
97273 Kürnach bei Würzburg

Telefon: 09367 / 90720

www.schwan-kuernach.de

Öffnungszeiten:
täglich
11:00–23:00 Uhr
warme Küche
11:30–14:00 Uhr
17:00–21:00 Uhr
Ruhetag: Montag

34

Gasthof & Hotel Behringer in Volkach

Am Marktplatz von Volkach gelegen, ist der Gasthof Behringer nicht zu übersehen. Zusammen mit dem imposanten Rathaus im Stil der Renaissance beherrscht das Gasthaus den weiträumigen, belebten Platz um den achteckigen Stadtbrunnen mit der Figur der Maria Immaculata.

Der dreigeschossige Fachwerkbau mit Steildach stammt aus der zweiten Hälfte des 16. Jahrhunderts und diente im Laufe seiner langen Geschichte unter anderem schon als Schmiede und Färberei. Um 1900 betrieb hier ein Notar seine Kanzlei. Bald darauf muss wohl die Gastwirtschaft eingezogen sein, denn 1928 erwarb Nikolaus Behringer das Wirtshaus von der Brauerei Düll in Krautheim, damals unter dem Namen Gasthof zur Mainbrücke. Nach Nikolaus Behringer setzte sein Sohn Arthur die Tradition fort. Mit Klaus Behringer und seiner Frau Ulrike pflegt seit 1985 die dritte Generation der Wirtsfamilie das altehrwürdige Haus und seine Gäste.

Die gemütliche Stube lädt zum Kartenspielen ein

Seit der dringend nötig gewordenen, sehr aufwendigen und umfassenden Instandsetzung des Anwesens 1987 ist es von außen wieder eine Augenweide. Sobald im Frühjahr die ersten Sonnenstrahlen die zum Marktplatz gewandte Südseite des Gebäudes wärmen, ist der begrünte Freisitz der beliebteste Platz im Behringer. Dann schöppeln dort Stammtischler neben Radreisenden und Weinliebhabern aus dem ganzen Land; auch die Wirtsleute sind für ein Schwätzchen zu haben. Das geschäftige Treiben im lebendigen Ortszentrum kann man hier ganz entspannt auf sich wirken lassen.

Angenehm überrascht ist man, in dem von außen so mächtigen Bau eine überschaubare, gemütliche Gaststube mit etwa 33 Sitzplätzen vorzufinden. Alte Eichendielen und eine einheitliche Ausstattung aus dunklem Holz mit einladenden Eckbanknischen fügen sich zu einem stimmigen Bild. Die Bleiglasfenster in hohen Rundbögen zeigen fränkische Wappen. Blickfang ist der historische Ofen, dessen weiße Kacheln filigran mit Hirschen und Rehen bemalt sind. Der hl. Urban als Weinpatron wacht aus seiner Ecke über die Ratsherrnschänke, wie die Stube auch genannt wird.

Von der Marktblickstube im ersten Stock aus genießt man den Ausblick über den Platz, auf das Rathaus und die katholische Pfarrkirche St. Bartholomäus und St. Georg, eines der Wahrzeichen der Stadt. Morgens wird hier das Frühstück gereicht. Charakteristikum der oberen Stube ist die eindrucksvolle, von mehreren Säulen getragene, ursprungliche Bohlenbalkendecke, die den langge-

zogenen Raum überspannt. Teilweise ist an den Wänden auch das alte Fachwerk freigelegt.

Durch die immer präsenten Wirtsleute und langjährige Mitarbeiter herrscht eine familiäre Atmosphäre im Behringer, die die Gäste völlig einbezieht. Für individuelle Wünsche und Lebensmittelunverträglichkeiten hat die Küche immer die passende Lösung, für Allergiker sind gekennzeichnete Speisenangebote in der Karte aufgeführt. Küchenchefin Nadine Halbig bezieht die Lebensmittel so weit wie möglich aus der Region. Fleisch stammt aus artgerechter Tierhaltung und der Fisch kommt fangfrisch aus dem eigenen Bassin. Der hausgeräucherte Saibling gehört zu den unverzichtbaren Klassikern im Behringer. Schweinemedaillons und Schnitzel liefert das Schwäbisch-Hällische Landschwein aus bäuerlicher Aufzucht, und freilich fehlt auch der fränkische Sauerbraten nicht. An einige Gerichte kommt außerdem ein ordentlicher Schuss feinen Frankenweins, schließlich befinden wir uns hier mitten im großartigen Weinanbaugebiet der Volkacher Mainschleife. Hausmacherbrotzeiten mit herzhafter Wurst und würzigem Käse oder frische Salate stillen den kleinen Hunger. Die Erzeuger sind jeweils in der Karte aufgeführt.

Klaus Behringer bedeutet das Anwesen viel, denn es ist sein Elternhaus. Gut erinnert er sich noch an die Zeit, als oben noch keine Hotelzimmer waren, sondern die Wirtsleut' dort wohnten. Manchmal hat er sich als Bub auch a weng g'fürchtet in dem alten Gemäuer mit seinen knarrenden Türen und knarzenden Holzdielen. Unten in der Stube ist er oft gesessen und hat schon als Sechsjähriger mit den Großen gekartelt. Ein richtiges Wirtshauskind war er eben. Mittlerweile ist das Gasthaus auch sein Lebenswerk, obwohl er das zuerst gar nicht wollte. Aber es ist genau das Richtige gewesen, findet er heute, und blickt stolz und auch wehmütig auf seine Zeit als Wirt zurück. Aus gesundheitlichen Gründen muss er kürzer treten und sich aus dem anstrengenden Gastronomenleben zurückziehen.

Bleibt zu hoffen, dass ein würdiger Nachfolger gefunden wird, der das Volkacher Traditionshaus ebenso sorgsam und engagiert weiterführt und in Ehren hält.

Gasthof & Hotel Behringer

Marktplatz 5
97332 Volkach am Main

Telefon: 09381 / 8140

www.hotel-behringer.de

Öffnungszeiten:
Ostern–Ende Oktober
täglich ab 11:00 Uhr
Ruhetag: Donnerstag
Hotel ganzjährig geöffnet

Weingasthof Rose in Volkach

Volkach ist eine Reise wert: Die Weinhänge in der sonnenverwöhnten Mainschleife bieten einen einzigartigen An- und Ausblick. Besonders die Rebsorte Silvaner gedeiht prächtig auf den Muschelkalkböden des Maindreiecks. Der fränkische Silvaner zählt sogar zu den besten weltweit. Das denkmalgeschützte Ensemble der Altstadt Volkachs lädt dazu ein, den historischen Charme der Gässchen zu erkunden. Unmittelbar vor den Toren der Stadt, vor dem Oberen Tor am Oberen Markt, bietet der Weingasthof Rose den passenden Ort zur Einkehr nach einem Stadtrundgang.

Herrlich sitzt es sich hier unter schattenspendenden Bäumen auf der gepflasterten Sonnenterrasse vor dem gepflegten Gasthof, untermalt vom beruhigenden Plätschern des Brunnens und mit Blick auf das Treiben rund um den alten Säulesmarkt (Schweinemarkt). Die mit Weinranken bewachsene grüne Fassade des Baudenkmals bietet eine malerische Kulisse. Das Gebäude, ein zweigeschossiger Walmdachbau, stammt aus dem 18. Jahrhundert und steht unter Denkmalschutz. Der Schlussstein am Türgewände bezeichnet die Initialen J. H. und die Zahl 1960 – das Jahr des letzten Umbaus durch Josef Heßmann, den Vater des heutigen Rose-Wirts Michael Heßmann. Der kunstvolle schmiedeeiserne Ausleger mit Rose, Kelch und Ranken an der rechten Seite des Bauwerks stammt aus der Werkstatt Johann Georg Oeggs (1703–1782), der auch die Ziergitter und Tore der Würzburger Residenz schuf.

In der gemütlichen Gaststube geht die Ausstattung in weiten Teilen auf die Renovierung im Jahr 1960 zurück. Dunkler Holzboden und eine Decke aus demselben Material in kräftigem Braun verleihen dem Raum einen warmen, einladenden Charakter. Die umlaufende Bank, die zum Teil heimelige Nischen ausbildet, tut ein Übriges. Geschnitzte Holzfiguren beziehen sich auf das Thema Wein (was sonst?): Da ist das Mädchen bei der Traubenlese oder der Winzer mit der Ernte auf dem Rücken. Wenn Sie es geschafft haben, einen Platz am begehrten Stammtisch zu ergattern, sollten Sie der Fotowand einen längeren Blick widmen. Momentaufnahmen aus dem Leben der Familie, des Gasthauses und des Ortes lassen die Vergangenheit ganz nahe rücken.

Die Peter-Geist-Stube nebenan bietet noch einmal Platz für 35 Gäste und steht ganz im Zeichen des Namensgebers, der 1816 hier im Haus geboren wurde. Bekannte Werke des unterfränkischen Genre- und Kirchenmalers († 1867) sind etwa zwei Altarbilder in der Volkacher Stadtpfarrkirche sowie vor allem Darstellungen zeitgenössischer Trachten. An den Wänden und in den bleiverglasten Fenstern der Stube gibt es solche zu bewundern.

Geführt wird das Gasthaus, das laut urkundlicher Erwähnung schon seit dem 17. Jahrhundert besteht, von Michael Heßmann, dessen Großeltern das Anwesen im Jahr 1916 erworben haben. Seit 1996 leitet er den Betrieb, 2003 hat er ihn übernommen. Als gelernter Koch ist sein Reich die Küche, in der er saisonale und regionale Produkte nach guter fränkischer Manier zu köstlichen Gerichten vereint. Von pochiertem Lachsforellenfilet über kreative vegetarische Mahlzeiten bis zu Wild, Steaks und Schnitzeln bietet die Karte erfrischend Leichtes und Herzhaft-Deftiges. Unterstützt

Unten: Das Glasfenster zeigt ein historisches Trachtenbild von Peter Geist aus dem 19. Jahrhundert

wird er von seiner Mutter, Köchin mit Leib und Seele, die Spätzle schabt, Klöße dreht und für den Kuchen zum nachmittäglichen Kaffee sorgt.

Da Michael Heßmann aber nicht nur im Küchen-, sondern auch im Winzerhandwerk vom Fach ist, reicht er zu seinen Gerichten den passenden Tropfen vom eigenen Weingut. Rot-, Weiß- und Roséweine keltert die Familie selbst, außerdem Sekt und Secco. In der Speisekarte wird zu jedem Gericht der passende Wein empfohlen, aber freilich kann man sich auch selbst durch das Sortiment probieren. Hat man Gefallen an den kräftigen Franken gefunden, kann man sich aus der Vinothek versorgen oder bei einer Weinprobe fachkundig durch die regionale Produktpalette führen lassen.

Ob alle Gäste danach noch in der Lage zu einer Radtour auf dem Main-Radweg sind oder einen Ausflug zur vom Main umflossenen Vogelsburg schaffen, von der aus man eine wunderbar weite Aussicht über das Umland genießt, ist fraglich. Vielleicht lieber doch erst im Volkacher Museum „Barockscheune" Geschichte, Landschaft und Kultur der Mainschleife nachvollziehen! Für einen Besuch der Region sollte man sowieso ein paar Tage einplanen, um die Sehenswürdigkeiten und Aktivitäten zur Genüge auskosten zu können. Und zur erholsamen Ruhepause lädt der Weingasthof Rose.

Weingasthof Rose

Oberer Markt 7
97332 Volkach am Main

Telefon: 09381 / 8400

www.rose-volkach.de

Öffnungszeiten:
täglich
09:00–23:00 Uhr
Ruhetag:
Mittwoch

Hotel zur Schwane in Volkach

In Volkach trifft historische Fachwerkromantik auf idyllische Landschaft. Der kleine Ort an der Mainschleife liegt an den Steilhängen der Weinberge. Kein Wunder, dass das kleine Städtchen einer der beliebtesten Anlaufpunkte für Touristen in der Region ist. Und wenn man durch die Altstadt schlendert, fällt nicht nur auf, wie viele Gaststätten hier angesiedelt sind, sondern es beschleicht einen fast schon das Gefühl, jeder Volkacher besitze einen eigenen Weinberg. Jedenfalls lohnt es sich, die Unterschiede der hier angebauten Weinsorten wie Bacchus, Silvaner oder Müller-Thurgau in der jeweiligen Interpretation unterschiedlicher Winzer zu verkosten – eine gute Gelegenheit, einen neuen Lieblingswein kennenzulernen.

Vielleicht werden Sie ja bei den Weinen der Familie Pfaff fündig? Wie gut, dass zu ihrem Weingut auch das mitten in Volkach gelegene Romantik-Hotel zur Schwane gehört – schließlich benötigt

der erschöpfte Hobby-Sommelier auch eine adäquate Bleibe.

Das alte traufständige Haus kann auf eine lange Geschichte zurückblicken. Bereits 1404 baute es die Familie Schwan in der Hauptstraße 12 und nutzte es als Gastwirtschaft. Schon damals besaß sie Weinberge. Die Familientradition der heutigen Besitzer begann im Jahr 1933, als Josef Heinrich Pfaff das Anwesen mietete und ein Jahr später kaufte. Seit 2003 führt Eva Pfaff-Düker, gelernte Önologin, gemeinsam mit ihrem Mann Ralph Düker in dritter Generation Gastwirtschaft und Weingut.

Jede Generation hat ihre eigene Handschrift und verändert das Gesicht des Gasthofs zur Schwane. Während Evas Eltern die Gastwirtschaft als eine Art Gourmet-Tempel etabliert hatten, möchte die jetzige Wirtin wieder etwas zurückrudern. Ihr liegt viel daran, Traditionsbewusstsein aufrecht zu erhalten und zugleich die Brücke zur Moderne zu schlagen. Daher orientiert sich die Küche wieder an bodenständigen fränkischen Gerichten, aber im gehobenen Stil. Neben Rumpsteak, Kabeljau und Rehkeule kann man sich auch für das fränkische Menü, mit wahlweise drei bis sechs Gängen, ent-

Unten: Am Eingang zum Innenhof wird man von einer geschnitzten Dame empfangen

Rechts: Um die hölzerne Decke zu schonen, wurden die Lampen an der Wand befestigt

scheiden. Darin sind Klassiker wie Schweinebacke, Wildleberkäse und Forelle blau enthalten. Wer es mittags eher bescheidener mag, für den gibt es ganz nach dem Motto „klein, fein, fränkisch" Schmankerln. Der Hunger wird dann durch „Schnabberli" wie Gulaschsuppe, Brotzeitbrett für Zwei oder durch ein paar Bratwürscht gestillt.

Was das Restaurant zur Schwane so besonders macht, ist der historische Gastraum. Eine einladende Stube empfängt den Eintretenden. Die historische Kassettendecke und die goldgerahmte Wandvertäfelung sind mit filigranen Malereien von Wein- und Blumenmotiven geschmückt. Zwar sind die gelbe und die rote Farbe schon etwas verblasst, aber erkennen kann man die Verzierungen immer noch recht gut. Hier fügt sich der mächtige, braun gesprenkelte Kachelofen aus der Biedermeierzeit bestens ein. Auf dem kleinen Einbauschrank mit goldener Tür sind, neben aufwendig gestalteten Ornamenten, die Worte „in vino veritas" (im Wein liegt die Wahrheit) eingearbeitet. Dem Wahrheitsgehalt dieser Aussage spürt man am besten mit Hilfe der hauseigenen Weine nach. Gleich daneben grenzt das Ratsherren-Stübchen an.

Im ersten Stock liegen zwei weitere Räume. Zum einen ist es die Kilianstube, benannt nach dem Schutzheiligen der Franken. Dieser Raum weicht mit seiner modernen Einrichtung völlig von

allen anderen ab. Wirtin Eva ließ es sich nicht nehmen, sich zumindest in einem Raum auszuleben und mit den Farben zu spielen. Der andere Gastraum ist die Bartholomäusstube. Ein sanftes Rosa sowie mit floralen Mustern verzierte Stühle und Vorhänge bestimmen das Bild. Von der Decke hängt ein Lüsterweibchen.

Ein weiteres Schmuckstück entdeckt man gleich beim Betreten des Gasthofs zur Schwane, nämlich den Innenhof. Umgeben von altem Gemäuer sitzt man zwischen den fast schwarzen Säulen, die den Balkon des Nebengebäudes tragen. Hier steht auch eine große, alte Weinpresse. Den nötigen Schatten spendet Mutter Natur selbst, denn über den Köpfen der Gäste wachsen Weinreben zu einem grünen Blätterdach zusammen. Während man in derart romantischer Atmosphäre genüsslich an seinem Weinglas nippt, kommt die Entspannung ganz von selbst. So soll es sein.

Hotel zur Schwane

Hauptstraße 12
97332 Volkach

Telefon: 09381 / 80660

www.schwane.de

Öffnungszeiten:
13:00–18:00 Uhr
klein-fein-fränkisch
18:00–22:00 Uhr
Abendkarte
Montag Mittag geschlossen

37

Die Weisse Mühle in Estenfeld

Eine „Oase der Ruhe" nennen Pächter Anette und Norbert Schweizer ihre Gaststätte Weiße Mühle. In der Tat zeichnet das denkmalgeschützte Haus seine idyllische Lage mitten im Kürnachtal aus. Felder und Laubbäume umgeben den Gebäudekomplex und hinter dem Haus liegt der kleine Jesuitensee. Die Weiße Mühle lässt sich in alten Urkunden bis in das Jahr 1144 zurückverfolgen. 1666 gelangte sie in den Besitz der Kartause Engelgarten, die sie an den sogenannten Weißen Müller verpachtete. Nur er war berechtigt, weißes Mehl herzustellen – daher der Name. Die Kartäusermönche nutzten das Kürnachtal hauptsächlich zur Fischzucht, da die Mühle einst inmitten einer prächtigen Seenlandschaft lag. Mit der Säkularisation 1803 ging sie in die Hände privater Besitzer über.

1966 kaufte die Gemeinde Estenfeld das Anwesen und beschloss 1987, sie als Gaststätte zu führen. Im Mai 2014 übernahmen Anette und Norbert Schweizer das Objekt als Pächter und hauchten dem ehrwürdigen Gebäude nicht nur neues Leben ein, sondern verliehen ihm auch ein neues Aussehen.

Auf dem Weg in die Gaststuben durchqueren wir den Innenhof. Und während wir die schönen Fassaden mit ihrem ochsenblutroten Fachwerk und den grünen Fensterläden, den lauschigen Arkadengang und die liebevolle Bepflanzung betrachten, plätschert der kleine Brunnen im Hintergrund. Im Gasthaus erwarten den neugierigen Besucher drei Stuben. Die Mühlenstube, ein Stockwerk tiefer als der Eingang gelegen, bietet bis zu 60 Personen Platz. Der hohe, geflieste Raum mit seinen fast schwarzen alten Stützbalken und Säulen wird durch orangefarbene Beleuchtung in eine angenehme Stimmung getaucht. Wirt Norbert hat durch jahrelange Flohmarktgänge eine geradezu überbordende Fülle alltäglicher und kurioser Gegenstände zusammengetragen. Die Einrichtung orientiert sich dabei vor allem am Beruf des Müllers: Brotschneidemaschinen, Ofenschieber, Brotkästen, Gugelhupfformen, Einweckgläser, Waagen und Tonkrüge, abgerundet durch Vogelkäfige, Bügeleisen, Lampen und Bilder von Künstlern aus der Gegend – fast ein kleines Heimatmuseum.

Im ersten Stock gibt es die Bauernstube für bis zu 40 Personen und die Zehntstube mit bis zu 30 Plätzen. Durch einen Treppenlift sind alle Stuben auch mit dem Rollstuhl zu erreichen. In diesen beiden Räumlichkeiten wurde ebenfalls ausgiebig dekoriert, in der martialischen Zehntstube stehen immerhin Ritterrüstungen und die Wände sind überwiegend mit Schwertern behängt.

Für größere Feiern stehen das angrenzende Foyer für 120 Personen oder die für 600 Personen Platz bietende Mehrzweckhalle zur Verfügung. Die Räume werden von der Gemeinde angemietet.

Die Küche in der Weißen Mühle setzt auf regionale und frische Produkte, gekocht wird bodenständig. Auf der Karte finden sich daher Gerichte wie Cordon Bleu, Rinderbraten in Sherrysahnesauce, fränkisches Hochzeitsessen oder gebratener Zander. Besonders beliebt ist der Schnitzeltag am Mittwoch.

Für die Kleinen stehen Spielsachen bereit und der große Platz vor dem Haus bietet Abwechslung durch ein Basketballfeld und Rampen für Skateboards und Fahrräder. Innen schlemmen, außen toben – so hat alles seinen Platz in der Weißen Mühle.

Links: Oben die Mühlenstube, unten die Zehntstube. Rechts: Die Bauernstube – jeder Raum besticht durch eine außergewöhnliche Dekoration

Weiße Mühle

Weiße Mühle 1
97230 Estenfeld

Telefon: 09305 / 9895660

www.dieweissemuehle.de

Öffnungszeiten:
Mi.–Sa. ab 17:00 Uhr
So. & Feiertage ab 11:30 Uhr
Ruhetage: Montag, Dienstag
Für Veranstaltungen ab 25 Personen: auch außerhalb der Öffnungszeiten

Gasthof zum Schwan in Sommerach

Die kleine unterfränkische Gemeinde Sommerach kann getrost als ein Kleinod der Denkmalpflege bezeichnet werden: Barocke Weinbauernhöfe sowie Hackerhöfe und Kleinhäuser aus dem 18. und 19. Jahrhundert reihen sich in der knapp 1400 Einwohner zählenden Gemeinde aneinander wie die Perlen an einer Schnur. An der dem Main zugewandten Seite des Weinbauerndorfs sind außerdem die historischen Ortsbefestigungen mit Mauern und Türmen aus dem 15. und 16. Jahrhundert erhalten. Das Bemühen der Sommeracher Bürger um die Konservierung und die aufwändige Pflege der historischen Substanz wurde im Jahr 2013 beim staatlichen Wettbewerb „Unser Dorf hat Zukunft – Unser Dorf soll schöner werden“ mit der Goldmedaille auf Bundesebene gewürdigt.

Einen Höhepunkt dieses malerischen Ensembles bildet das Gasthaus zum Schwan. Der zwischen 1700 und 1708 errichtete zweigeschossige Walmdachbau mit überbauter Tordurchfahrt wird vom Bayerischen Landesamt für Denkmalpflege als „eines der bedeutendsten und außergewöhnlichsten Gasthäuser Frankens" bezeichnet. Das Eckhaus an der Hauptstraße wird seit seiner Erbauung durch den Ratsherrn Hans Ulrich Barthel als Gasthof betrieben, hat im Laufe der Jahrhunderte schon viele Besitzer gesehen und stand immer im Mittelpunkt des Dorfgeschehens. 1824 wurde hier beispielsweise der Musikverein Sommerach gegründet. Ende der 1990er-Jahre wurde das denkmalgeschützte Haus das letzte Mal von der damaligen Besitzerin Barbara Klarner-Zipf von Grund auf renoviert und im März 1998 feierlich wiedereröffnet.

Seit dem Jahr 2004 hat sich nun die Familie Münch der Fortführung dieser jahrhundertealten Tradition verschrieben. Wurde der Gasthof vom Ehepaar Ruth und Klaus Münch zuerst noch verpachtet, leitet die Familie den Schwan seit 2008 in eigener Regie. Klaus Münch vertraut die Leitung des Hauses seit jeher seinen beiden Töchtern Hanna und Lena an. Die Tourismuskauffrau und die studierte Food Managerin bewältigen den Spagat zwischen schnörkelloser, moderner Gastronomie und der Wahrung des historischen Ambientes mit Bravour und verwirklichen sich und ihre Ideen in dem barocken Juwel. Ruth Münch ist innerhalb des Familienbetriebs vorwiegend in der Pension in Sankt Urban zu finden, wenn sie sich nicht gerade um das Frühstück der Übernachtungsgäste des Schwans kümmert. Sohn Andreas ist Jungwinzer und ausgebildeter Techniker für Weinbau und Kellerwirtschaft und sorgt auf dem familieneigenen, zwölf Hektar großen Weingut dafür, dass die Gäste des Schwans nur die besten fränkischen Weine eingeschenkt bekommen. Jedes Familienmitglied ist somit Spezialist auf seinem Gebiet und mit Freude bei der Sache, was man beim Betreten des Schwans sogleich spürt.

Das Haus empfängt seine Gäste an einem geschwungenen Tor aus farbigem Sandstein, durch das man direkt in den Innenhof gelangt. Freilich kann man auch das danebenliegende, kunstvoll verzierte Eingangsportal aus demselben rötlichen Sandstein benutzen. Über der Tür sind die Initialen des Erbauers „H U B", die Jahreszahl 1708 sowie eine Figurengruppe der Heiligen Familie samt darüberstehendem Gottvater und Heiligem Geist zu finden. Hinter dem Eingang betritt man den Hauptgastraum mit angeschlossenem Nebenraum. Die Gaststube strahlt eine Ruhe aus, die sofort zum Hinsetzen und Dableiben verführt. Ein historischer Holzdielenboden, eine umlaufende Sitzbank, Bleisprossenfenster, schweres Holzmobiliar und die historisch anmutenden Wandmalereien aus den 1950er-Jahren bilden eine perfekte Symbiose und vermitteln ein Gefühl, als wäre die Zeit irgendwann um 1900 stehen geblieben. Auf einer Seite wird der Raum durch die offene Theke begrenzt. Hier bekommt der Gast die gesamte Palette hochklassiger fränkischer Weine serviert – ob Silvaner, Müller-Thurgau oder Bacchus. Dazu bietet die Küche traditionelle fränkische Gerichte wie Schäufele und Sauerbraten und als einziges Gasthaus im Ort Frischfisch aus den hauseigenen Frischwasserbassins.

Dem Nebenraum verleihen seine Wandvertäfelung, eine bemalte Holzdecke und die Wandölmalereien den typischen Charme einer fränkischen Weinstube. Insgesamt finden hier im À-la-carte-Geschäft rund 40 Personen Platz. In den Sommermonaten erweitern der romantische Innenhof und die ausgebaute alte Scheune die Platzzahl um rund 100 Freisitze. Hier entdeckt man an einem lauen Sommerabend nach getaner Arbeit auch die Chefinnen des Hauses auf ihrem Lieblingsplatz. Passend zur freundlichen Atmosphäre bieten die im Gebälk der alten Scheune nistenden Schwalben nicht nur für Kinder eine sympathische und interessante Abwechslung.

Im oberen Stockwerk beeindruckt der Schwan vor allem durch den historischen Schwanensaal. Der über eine alte Holztreppe zu erreichende Gewölbesaal mit elliptisch geformter Holztonnendecke wurde im Jahr 1883 errichtet und spiegelt in seiner Aufmachung die Geschichte des fränkischen Weinbaus wider. Wie im Inneren eines überdimensionierten Weinfasses finden hier bis zu 100 Personen Platz. Dominiert wird das Tonnengewölbe von einem großen, sorgfältig verzierten Deckenleuchter. Nebenan liegen das Vier-Jahreszeiten-Zimmer, die Heimatstube und das Jagdzimmer. Besonders imposant ist der aufwändige und farbenprächtige Deckenstuck in Ersterem.

Gasthof zum Schwan

Hauptstraße 10
97334 Sommerach

Telefon: 09381 / 847684

www.schwan-sommerach.de

Öffnungszeiten:
Montag–Sonntag
11:00–22:00 Uhr

Neben den Feiergesellschaften haben vor allem Rad- und Wandertouristen das Gasthaus zum Schwan für sich entdeckt. Doch es muss nicht bei einem Kurzbesuch bleiben: Wer sich nach gutem Wein und leckerem Essen nicht sofort von dem historischen Gemäuer und dem freundschaftlich-familiären Flair trennen möchte, der findet in den ehemaligen Wohnräumen im Obergeschoss drei restaurierte Doppelzimmer sowie unter dem Dach eine großzügige Ferienwohnung. Doch Obacht: Wie leicht man dem Charme dieses Gasthaus-Kleinods verfallen kann, zeigt der Stammtisch der alteingesessenen Sommeracher: Seit 50 Jahren kommen sie jeden Sonntag in die Gaststube – und nicht eine Beschwerde gab es bis heute.

Gasthof-Hotel Grüner Baum in Dettelbach

Das Winzerstädtchen Dettelbach am Main im unterfränkischen Landkreis Kitzingen liegt rund 20 Kilometer östlich von Würzburg und ist bekannt für seine gut erhaltene mittelalterliche Stadtbefestigung mit Gräben, Türmen und Stadttoren. Im Stadtkern beeindruckt der Ort am Fluss durch sein Ensemble mittelalterlicher Fachwerkhäuser rund um das spätgotische Rathaus und den Marktplatz unterhalb der Stadtkirche. Genau hier, im historischen Ortskern des Städtchens, speist und trinkt man seit fast 250 Jahren im Gasthaus Grüner Baum. Wer sich in den mittelalterlichen Gässchen nicht gleich zurechtfindet, hält am besten nach dem denkmalgeschützten Ausleger des Gasthauses Ausschau. Seit jeher weist, gut sichtbar, ein grüner Baum im goldenen Kranz den Weg zum zweigeschossigen Traufseitbau.

Die reichlich dekorierte Gaststube

Seit 2005 ist Anita Neumeister-Kistner gemeinsam mit ihrem Mann Raymond Inhaberin des historischen Gasthauses. Neben dem Grünen Baum leitet sie in direkter Nachbarschaft schon seit 2002 auch das Hotel und Restaurant Alte Schmiede. Als der historische Grüne Baum zum Verkauf stand, griff Familie Neumeister-Kistner zu. Bei der Renovierung wurde darauf geachtet, in der alten Gaststube möglichst viel Originalsubstanz zu erhalten. Die Stuckdecke, das dunkle Massivholzmobiliar und die Holzvertäfelung mit geschnitzten Weinreben und Holzfiguren erfreuen dadurch den Gast wie eh und je. Große Zinnkrüge, zum Teil mit der Gravur 1772, wurden vom Vorbesitzer übernommen. Und obwohl die Hauptlichtquelle ein einzelner, vierarmiger Leuchter in der Mitte des Raums ist, wirkt der Gastraum keineswegs düster, sondern strahlt beruhigende Gemütlichkeit aus. Ein Blickfang ist das alte, ebenfalls in dunklem Holz gehaltene und voll funktionstüchtige Polyphon. Musste man im letzten Jahrhundert noch fünf Pfennig einwerfen, um den Klängen von der Lochplatte zu lauschen, reicht es heute, an der Kurbel zu drehen. Ansonsten trägt die Dekoration die Handschrift der Familie Neumeister-Kistner: Die kleinen Zinnkrüge und -teller stammen aus der privaten Sammlung der Familie.

Ein alter, voll funktionsfähiger mechanischer Musikautomat – ein Polyphon

Die großen Umbauten fanden im Nebenraum statt. Hier wurden die Modeerscheinungen der 1960er- und 1970er-Jahre entfernt und ein grundsanierter und heller Gastraum gestaltet. Der Boden wurde rund 30 Zentimeter angehoben und Echtholzparkett mit fränkischem Kreuz verlegt, ein Fahrstuhl eingebaut und Mobiliar und Vertäfelung in hellem Holz gestaltet. Der Raum eignet sich hervorragend für größere Veranstaltungen und Familienfeiern. Insgesamt finden im Grünen Baum in beiden Gasträumen rund 100 Personen Platz. Mit dem neuen Aufzug gelangen die Gäste bei schönem Wetter mühelos auf die Dachterrasse des Hauses, eigentlich eine Terrasse für rund 40 Gäste auf Höhe der ersten Zwischenetage. Die Lage zwischen den Dächern der umliegenden Gebäude vermittelt ein unwiderstehliches mediterranes Flair, das man im Sommer einfach genießen muss. Und nicht nur die Gäste, auch der Service des Hauses freut sich bei einer voll besetzten Terrasse über den Aufzug.

Die Küche im Grünen Baum bietet traditionelle, regionale und saisonale fränkische Köstlichkeiten, vom klassischen Schäufele über die vielerorts aus der Mode gekommenen Innereien bis

zum Frischfisch aus den eigenen Wasserbassins. Das zieht nicht nur Einheimische an. Ganz in der Nähe des Biebelrieder Autobahnkreuzes, auf halber Nord-Süd-Achse durch Deutschland gelegen, kommen Gäste aus Hamburg, Holland und Belgien – zum Teil schon in zweiter Generation. Aber nicht nur für durchreisende Gäste ist der Grüne Baum interessant. Sechzehn neue, moderne und ebenfalls per Lift zu erreichende Zimmer laden zum Verweilen in der Region ein. Ausgezeichnete Nordic-Walking- und Radtouren bringen den Gästen die Heimat des Frankenweins näher, der dann abends im Grünen Baum vertieft studiert werden kann. Denn auch darauf achtet Anita Neumeister-Kistner: Der ausgeschenkte Wein stammt ausschließlich aus Dettelbach und der direkten Umgebung.

Den, der Speis und Trank in vollen und tiefen Zügen genossen hat, erwartet im Grünen Baum noch eine einzigartige Köstlichkeit: die Dettelbacher Muskatzinen. Dieses Gebäck auf der Grundlage des namensgebenden Muskats darf nach alter Tradition im Original nur in zwei Bäckereien in Dettelbach hergestellt werden. Und im Grünen Baum machen sie aus diesen patentgeschützten Originalen dann ein weltweit wirklich einzigartiges Parfait – exklusiver geht es nicht.

Gasthof-Hotel Grüner Baum

Falterstraße 2
97337 Dettelbach

Telefon: 09324 / 97230

www.gruener-baum-dettelbach.de

Öffnungszeiten:
Dienstag ab 17:00 Uhr
Mittwoch–Samstag
11:30–14:00 Uhr, ab 17:00 Uhr
Sonntag 11:00–15:00 Uhr

Gasthaus zum Adler in Würzburg-Versbach

Mitten im Würzburger Stadtteil Versbach, an der Versbacher Straße, liegt das Gasthaus zum Adler. Der zweigeschossige, giebelständige Satteldachbau wurde im Jahr 1886 errichtet. Heute verbirgt sich der alte Fachwerkbau unter dem Putz und der hellblauen Farbe der Außenfassade. Von Anfang an diente das Haus seinen Besitzern, der Familie Ringelmann, als Gaststätte und wurde bereits im Jahr seiner Erbauung in der Chronik des Ortes als „Gasthaus Zum Adler" erwähnt. Ein schönes Zeugnis für die ehrwürdige Familientradition ist eine gerahmte Urkunde, auf der sich eine Würzburger Brauerei 2007 für die gute, 120-jährige Zusammenarbeit mit den Gastwirten der Familie Ringelmann bedankte. Mit dem heutigen Besitzer, Frank Ringelmann, hat sich die fünfte Familiengeneration im Gasthaus zum Adler ihren Horst gebaut.

Der gelernte Metzger arbeitet seit 1991 im Familienbetrieb und übernahm das Haus gemeinsam mit seiner Frau Silke im Jahr 2009. Zuvor haben seine Eltern und davor seine Großeltern hier den Kochlöffel geschwungen. Vater und Großvater waren beide ebenfalls Metzger, und bis ins Jahr 1979 gehörte das Gasthaus eher zu einem landwirtschaftlichen Betrieb als umgekehrt. Erst nach dem Tod des Großvaters gab die Familie die Tierhaltung auf und konzentrierte sich ganz auf die Gaststätte. Gute fränkische Küche mit bestem Fleisch aus der hauseigenen Schlachtung: Dafür stand die Familie Ringelmann und mit ihr das Gasthaus zum Adler schon immer. Noch heute trifft sich hier beispielsweise der Stammtisch von Versbachs besten Schülern des Jahrgangs 1949/50. Treue, die für sich spricht.

Trotzdem hat die Erfolgsgeschichte des Adlers unter Frank und Silke Ringelmann noch einmal Fahrt aufgenommen. Nachdem in den vergangenen Jahrzehnten nicht viel in das alte Haus investiert worden war, brachte eine Grundsanierung durch die neuen Besitzer eine moderne Küche, einen neuen Boden, feuerfeste Türen und vieles mehr. So manches Stück der alten Einrichtung verschwand dabei, doch immerhin blieben die holzvertäfelte Schanktheke und eine umlaufende Sitzbank im Gastraum erhalten, der groß genug für 70 Personen ist. Und damit das Haus seinen historischen Charme nicht verliert, haben die Ringelmanns bei der Dekoration in die Kiste mit den Familienerbstücken gegriffen.

Da sich in der Familie über die Generationen noch viel mehr dieser mittlerweile lange ausgemusterten Geräte und Maschinen angesammelt haben, planen die Ringelmanns bereits eine Ausstellung

In dieser Dekoration fühlt sich auch der Stammtisch des Schülerjahrgangs von 1949/50 wohl

ihrer Stücke. Diese könnte gemeinsam mit einem Kinderspielraum in der alten Scheune hinter dem Wirtshaus entstehen. Und dass sie ihre Ideen in die Tat umsetzen, haben die Wirtsleute beim Umbau des historischen Tanzsaals bereits gezeigt. Ein Dachschaden hatte die komplette Sanierung des Saals notwendig gemacht. Anstatt an der ursprünglichen Nutzung festzuhalten, entschied sich das Ehepaar, hier Ferienwohnungen einzurichten. Heute finden in der großen Wohnung bis zu sieben und in der kleinen bis zu vier Personen Platz. Und dass man sich im Adler wohlfühlt, dafür sorgen Frank und Silke Ringelmann persönlich. Tradition, Einfachheit, Ehrlichkeit und Herzlichkeit sind die Maßstäbe, mit denen sie ihren Gästen aus nah und fern ein gemütliches Zuhause bieten. Besonders Silke Ringelmann hat als Leiterin des Service im Haus ein offenes Ohr für Wünsche, Anregungen und Probleme. Nach getaner Arbeit sitzen die Wirtsleute gerne noch mit ihren Gästen zusammen. „Wir haben keine Gastronomie, wir leben Gastronomie", sagen beide – und das spürt man sowohl an der Küche als auch am Haus.

Dass Frank als Küchenchef gelernter Metzger ist, hat ebenfalls besondere Vorteile. Nichts Abgepacktes oder schon Geschnittenes kommt ihm in die Küche. Aus den ganzen Stücken, die er sich von Metzgern und Bauern der Region liefern lässt, schneidet er sich fachmännisch heraus, was er braucht. Seine Kenntnisse der Produkte, gepaart mit seiner Liebe zum Kochen, kommen besonders den Schnitzel- und Bratwurstkreationen zugute. Jeden Montag ist im Adler Schnitzeltag und es stehen immer mindestens zehn verschiedene Varianten auf der Karte. Darüber hinaus wurde der Adler schon als Haus der Bratwurstkultur ausgezeichnet. Ob typisch fränkische Bratwürste, Eigenkreationen oder die Rezepte von Kollegen – hier ist die fränkische Bratwurst zuhause. Und natürlich schmeckt die Brautwurst vom Grill am besten. Daher wird Küchenchef Frank Ringelmann im Sommer regelmäßig zum Grillmeister. Im Biergarten des Adlers hat der Grill sein eigenes kleines Häuschen. Rund 50 Gäste bzw. 50 hinterher runde Gäste können im Schatten der alten Kastanien den Sommer genießen.

Gasthaus zum Adler

Versbacher Straße 199
97078 Würzburg

Telefon: 0931 / 283241

www.gasthaus-adler-versbach.de

Öffnungszeiten:
täglich ab 8:30 Uhr
Ruhetag: Donnerstag

Weinstube Johanniterbäck in Würzburg

Die Stadt Würzburg am Main, Unterfrankens Oberzentrum, kann auf eine über 1300 Jahre lange Geschichte zurückblicken. Auch wenn die historische Bausubstanz der Stadt in den letzten Tagen des Zweiten Weltkrieges durch Bombenangriffe der Royal Air Force zu rund 80 Prozent zerstört wurde, beherbergt die gegenwärtig fünftgrößte Stadt Bayerns besondere Baudenkmale, so etwa die älteste Universität des Freistaats, die Residenz mit Hofgarten und Residenzplatz, seit 1981 UNESCO-Welterbe, und über 800 weitere Baudenkmäler aus jeder Epoche.

Bei den Angriffen vom 16. März 1945, bei denen in 17 Minuten rund 5000 Menschen ums Leben kamen, wurde auch der Johanniterbäck am Johanniterplatz 3 zerstört. Erst 1952 wurde er wieder aufgebaut und noch im gleichen Jahr vom Ehepaar Franz und Paula Kreuzer wiedereröffnet. Damit konnte der Johanniterbäck – auch ohne historisches Gebäude eine der traditionsreichsten Weinstuben der Stadt – seine lange und erfolgreiche Geschichte fortsetzen.

An der Stelle, an der der Johanniterbäck steht, wurde im Jahr 1179 eine der ersten Ordensniederlassungen der Johanniter gegründet. Diese pflegten den Brauch, sich im Anschluss an den Frühgottesdienst zusammen mit der Bevölkerung an einem nahrhaften Frühstück zu stärken. Im Jahr 1806 wurde die Johanniterkommende durch ein Dekret Napoleons enteignet und aufgelöst. Die nahegelegene Johanniterkirche St. Oswald wurde kurze Zeit später abgerissen. In der verworrenen Zeit nach den Napoleonischen Kriegen sicherten sich einige Bäcker das Schankrecht in Würzburg. Bäcker, die im Nebenberuf einen Weinberg bearbeiteten, konnten den eigenen Wein jetzt in ihrem Bäckerladen ausschenken. Die Tradition des Bäcks war geboren. Auch am Johanniterplatz entstand auf diese Art und Weise im Verbund von Bäckerei und Weinstube ein Gasthaus. Die Kennzeichen eines Bäcks waren damals wie heute eine zweckmäßige, gemütliche Ausstattung, gute Schoppen und die Möglichkeit, seine eigene Brotzeit mitzubringen. Im Lauf der Zeit wandelten sich die Bäcken zu Gastwirten und boten ihren Gästen fortan auch fränkische Küche an.

Im Johanniterbäck haben sich seit März 2014 die Wirtsleute Siegfried und Birgit Hofmann samt ihrer Familie der Fortführung dieser Tradition verschrieben. Der gelernte Metzgermeister und seine Frau haben eine eigene Metzgerei und führten bereits von 2005 bis 2014 den Maulaffenbäck, eine Weinstube in derselben Tradition wie der Johanniterbäck. Dass die Entscheidung, wieder einen Bäck

Bei so freundlicher Bedienung schmeckt der Wein gleich nochmal so gut!

Ein Bild des zeitgenössischen Malers Reinhold Müller belebt die Weinstube

zu übernehmen, eine ganz bewusste war, merkt man beim Betreten der Gaststube. Auch unter den neuen Pächtern wird die lange Tradition des Hauses gepflegt. Zwar wurden die umlaufende Vertäfelung, das Mobiliar und der massive Holzboden aufgefrischt und der Johanniterbäck mit einer neuen, modernen Küche sowie einer neuen Theke den notwendigen modernen Standards angepasst, eine wirkliche Umgestaltung blieb dem Traditionshaus nach dem Pächterwechsel 2014 jedoch erspart.

Dunkles Holz und massives Mobiliar dominieren den großen Gastraum genauso wie den etwas kleineren Nebenraum (s' Stüble). Insgesamt knapp 80 Personen finden im Bäck Platz. Durch die vielen Fenster und die zurückhaltende Dekoration wirkt die Gaststube angenehm hell und einladend. Einige Bocksbeutel, ein altes Weinfass und vereinzelte Holzschnitzereien erinnern dezent an die Ursprünge der Weinstube, und ein weinseliges Bild des Zellerauer Künstlers Reinhold Müller ziert die Wand hinter dem runden Stammtisch des Lokals. Zu den hier verkehrenden Stammtischen zählt unter anderem die Damenrunde der Gattin des Künstlers. Ihr geht es im Bäck allerdings eher um die gemütliche Atmosphäre und um einen guten Schoppen Wein mit ihren Freundinnen, als darum, unter dem Werk ihres Mannes zu sitzen. An anderer Stelle hängt ein Originaldokument mit den Fleischpreisen von 1750 an der Wand – das Geschenk eines Gastes, das perfekt die Symbiose der Geschichte des Hauses und der der Familie Hofmann wiedergibt.

Der Bäck und der Wein

Ein Charakteristikum vor allem des Würzburger Raums ist die Tradition des Bäcks. Früher waren dies Bäcker, die nebenberuflich noch einen Weinberg bewirtschafteten und das Recht hatten, den eigenen Wein in ihrem Laden auszuschenken. Ursprünglich waren diese Lokale ausschließlich Weinstuben ohne Verköstigung; nur das eigene Backwerk wurde angeboten. Die Gäste durften dafür aber selbst mitgebrachte Brotzeiten zum Schoppen verzehren – das Pendant zum altbayerischen Biergarten.
Heute haben viele dieser traditionellen Gaststätten ihre Speisekarte erweitert und bieten warme und kalte Kleinigkeiten und auch Hauptgerichte an. In einigen ist es immer noch erlaubt, sein eigenes Vespermahl mitzubringen. Das Johanniterbäck oder das Maulaffenbäck in Würzburg gehen auf diese Tradition zurück und pflegen sie noch heute.

Auch im heutigen Johanniterbäck können sich die Gäste ihre Brotzeit zum Wein gerne selber mitbringen. Allerdings entgeht ihnen dann die fränkische Küche mit den Fleischspezialitäten, Bratwürsten, Knöchle, gebackener Leber, Roastbeef und vielem mehr aus der eigenen Hofmann'schen Metzgerei. Auch das große Weinangebot lässt keine Wünsche offen: Aus einem Umkreis von 30 Kilometern rund um Würzburg beziehen die Hofmanns die guten Tropfen für ihren Bäck von den örtlichen Winzern.

Jeden ersten Mittwoch im Monat vergnügen sich die Gäste im Johanniterbäck beim traditionellen Wirtshaussingen. Gemeinsam mit einem Musikus mit Akkordeon werden dann alte fränkische Lieder gesungen – eine Tradition, die sich in den letzten Jahren immer größerer Beliebtheit erfreut. Lesungen bekannter, meist aus der Region stammender Autoren, wie des Verfassers der Schoppenfetzer-Krimis, Günter Huth, runden das Veranstaltungsangebot ab. So kommen im Johanniterbäck alle auf ihre Kosten – die Hungrigen, die Durstigen und die Geselligen.

Weinstube Johanniterbäck

Johanniterplatz 3
97070 Würzburg

Telefon: 0931 / 54368

www.weinstube-johanniterbaeck.de

Öffnungszeiten:
Montag 17:00–22:00 Uhr
Dienstag–Donnerstag
11:00–22:00 Uhr
Freitag und Samstag
11:00–23:00 Uhr
Ruhetage: Sonn- und Feiertag

Weinstube Juliusspital in Würzburg

Eine Sonderstellung unter den Wirtshäusern in Unterfranken nimmt die Weinstube des Juliusspitals in Würzburg ein. Sie gehört zum großen Gesamtkomplex der Stiftung Juliusspital, einer Gründung des Würzburger Fürstbischofs Julius Echter von Mespelbrunn aus dem Jahr 1576. Echter, der nach seiner Wahl im Jahr 1573 schnell erkannt hatte, dass es seiner Stadt an einer ausreichenden Zahl an Armen- und Krankenhäusern fehlte, fundierte das Spital aus seinem Privatbesitz. Damit diese Stiftung erfolgreich werden konnte, überschrieb er im Stiftungsbrief außerdem reichlich Grundbesitz, der seinen Wert bis heute nicht verloren hat. Die Stiftung ist Eigentümer von über 3300 Hektar Wald, rund 1100 Hektar landwirtschaftlichen Gütern und 177 Hektar Weinbergen. Sie ist gemeinnützig und unterhält aus ihren Erlösen ein Krankenhaus sowie ein Senioren-, Pflege- und Pfründenerstift, eine Berufsfachschule für Krankenpflege sowie eine Berufsfachschule für Altenpflege. Sie ist somit heute

ein modernes Dienstleistungsunternehmen mit fast 440 Jahren Geschichte und einem noch immer bestehenden humanitären Auftrag.

Man betritt die historische Weinstube durch ein großes fränkisches Tor. Bereits im offenen Eingangsbereich zeigt sich die Liebe zum Detail, die die gesamte Weinstube auszeichnet. Weintradition und modernes Ambiente gehen eine wunderbare Symbiose ein. Historische Balken, Bleiglasfenster, Eichenholzboden und massives Holzmobiliar vermitteln in der Echter-Stube, der größten der drei Gaststuben, ein Gefühl von Gemütlichkeit und gelebten Jahrhunderten. Das Herzstück des Raums bildet die große Weintheke, die von fast jedem Platz im Raum eingesehen werden kann. Sie lädt den etwas eiligeren Gast zum kurzweiligen Weingenuss und ist zentraler Versorgungspunkt für einen längeren genussvollen Aufenthalt.

Von der Echter-Stube aus gelangt man ins Frankenzimmer. Eine traditionelle Hochtäfelung ziert zwei Seiten des Raumes und vermittelt den Flair vergangener Tage, die dunklen Echtholz-Ledermöbel unterstreichen dies. Die weiten Fensterbuchten und die drei großen runden Leuchter sorgen für einen lichtdurchfluteten Raum, der dazu einlädt, sich niederzulassen. Die danebenliegende Iphöfer Kammer ist der perfekte Raum für Reisegruppen oder Veranstaltungen. Sie bezeugt mit ihren alten,

Links: Der Innenhof des Juliusspitals mit dem imposanten Fürstenbau. Oben: Die Weinstube

Der heilige Burkard von Würzburg

Der aus dem Südwesten Englands stammende Benediktinermönch wurde 742 von Missionserzbischof Bonifatius als erster Bischof von Würzburg eingesetzt. Dort bemühte er sich um die Missionierung der Franken, die trotz vorausgehender Missionsarbeit immer noch zum Heidentum tendierten, und gründete im Jahr 750 das Kloster St. Andreas. 754 jedoch legte er all seine Ämter nieder und zog als Einsiedler nach Homburg am Main, wo er der Überlieferung nach den Rest seines Lebens in einer Tropfsteinhöhle – heute Burkardusgruft genannt – unterhalb des Schlosses verbrachte.

Gedacht wird des Heiligen am 14. Oktober, dem Tag der Erhebung seiner Gebeine. Bischof Hugo ließ sie 986 in das von Burkard gegründete Kloster überführen, das seitdem den Namen St. Burkard trägt. Seine Reliquien ruhen noch heute im Seitenaltar der Kirche.

Schon im Würzburg des Mittelalters wurde das Fest des hl. Burkard als Hochfest gefeiert. Im Volk war es Brauch, zu seinem Gedenktag ein Gebildbrot in Form eines Ringes zu backen, den sogenannten Burkardusweck.

kunstvoll geschnitzten Holzfässern die Tradition des Hauses als Weinstube. Blickfang ist das stattliche Ölgemälde des Malers Schmitt-Lieb, das Iphofens bekannteste Weinlage zeigt – daher auch die Namensgebung Iphöfer Kammer. Dass auf der angrenzenden Terrasse die Gäste inmitten kleiner Olivenbäume und im Schatten großer Schirme sitzen, vermittelt ein geradezu mediterranes Wohlfühlflair. Hier lassen sich in den Sommermonaten die Köstlichkeiten aus der Küche und aus dem großen Weinkeller des Hauses besonders genießen.

Das Weingut Juliusspital ist das zweitgrößte Weingut Deutschlands und bietet sämtliche Spielarten des Frankenweines. Die edlen Tropfen wachsen über die gesamte geo-

logische Triasformation Frankens. Nur das Juliusspital kultiviert Reben in allen fünf Spitzenlagen der Region. Die Paradelagen wie der Würzburger Stein, die Vielfalt der Böden und Kleinklimata bieten seit Jahrhunderten die Grundlage für exzellente Weine. Besonders im Bereich der fränkischen Profilrebsorte Silvaner ist das VDP-Prädikatsweingut führend, was durch zahlreiche Preise im Rahmen von internationalen Weinprämierungen untermauert wird.

Bereits seit 2001 ist das Ehepaar Edith und Frank Kulinna für die Weinstube verantwortlich. Sie folgen einer langen Tradition, seitdem die Weinstube in den 1920er-Jahren erstmals verpachtet wurde. Mit ihrer Liebe zu regionalen und saisonalen Produkten und der klassischen fränkischen Küche haben sie die Weinstube samt Küche weit über die regionalen und sogar die nationalen Grenzen hinaus bekannt gemacht. Auf der Karte finden sich die fränkischen Klassiker, aber auch finessenreich abgewandelte Schmankerln. Besonderes Augenmerk liegt dabei immer auf Herkunft und Frische der Produkte – eingekauft wird nur das Beste, was die Region zu bieten hat. Unter anderem wurde dem Lokal die Auszeichnung Goldener Fisch zuteil, die die gehobene Zubereitung von Forelle, Karpfen und Co. aus heimischen Flüssen und Teichen prämiert. Auch die Wildspezialitäten aus der Weinstubenküche sind mehrfach ausgezeichnet. Als gelernter Koch, erfahrener Angler und

Links: Die Echter-Stube. Rechts: Der Ausleger erinnert an das Gründungsjahr der Stiftung Juliusspital

Kilian – Schutzheiliger der Franken

Der hl. Kilian gilt als Schutzpatron von Würzburg, Heilbronn und des Frankenlandes. Er wird bei Augenleiden, Gicht und Rheumatismus angerufen. Geboren wurde er um 640 in Irland. Mit dem Ziel, den christlichen Glauben zu verbreiten, machte er sich mit seinen Gefährten auf den Weg nach Germanien und gelangte um das Jahr 686 nach Würzburg. 689 starben er und seine beiden treuen Begleiter, Kolonat und Totnan, den Märtyrertod. Grund war vermutlich ein Konflikt mit dem Herzogspaar Gozbert und Gailana. Letztere war die Witwe von Gozberts Bruder, somit galt ihre Ehe mit Gozbert nach dem Kirchenrecht als Blutschande. Als Kilian daher den Herzog drängte, diese Verbindung aufzulösen, habe Gailana, wie die Legende berichtet, Kilian und seine Gefährten ermorden lassen.
Die Verehrung als Heilige geht auf den ersten Würzburger Bischof Burkard zurück, der die Gebeine der drei Märtyrer feierlich erheben und mehrfach umbetten ließ. Heute liegen sie in der Krypta der Neumünsterkirche, während die Schädel in einem Bergkristallschrein im Hochaltar des Domes aufbewahrt werden. Am 8. Juli wird der Namenstag des hl. Kilian gefeiert. Zu diesem Anlass werden die Reliquien vom Würzburger Bischof aus der Neumünsterkirche in den Dom überführt und öffentlich ausgestellt. Acht Tage lang finden Kilian zu Ehren Gottesdienste und Wallfahrten statt, wozu jährlich mehrere Tausende Gläubige nach Würzburg pilgern. Zugleich finden am Marktplatz die Kiliani-Verkaufsmesse und am Talavera-Parkplatz zwei Wochen lang das Kiliani-Volksfest statt.

leidenschaftlicher Jäger legt Frank Kulinna die Messlatte in der Küche besonders hoch – ein Qualitätsanspruch, der dem Gast zu Gute kommt.

Wer sich hier einen Schoppen besten fränkischen Weins in historischem Ambiente gönnt, der kann dies übrigens mit einem besonders guten Gefühl tun, denn noch heute gehen die Erlöse der Weinstube in die Stiftung Juliusspital. Da darf es dann auch mal ein zweiter Schoppen sein.

Weinstube Juliusspital

Juliuspromenade 19
97070 Würzburg

Telefon: 0931 / 54080

www.juliusspital-weinstuben.de

Öffnungszeiten:
täglich 10:00–24:00 Uhr

Gasthof zum Falken in Mainbernheim

Mainbernheim ist ein mittelalterliches Städtchen – bis 1803 sogar Reichsstadt – zwischen Iphofen und Kitzingen im Landkreis Kitzingen. Eine wunderbar erhaltene Stadtmauer und ein zum großen Teil denkmalgeschütztes Ensemble von Fachwerkhäusern prägen den Kern des 2200 Einwohner zählenden Ortes und zeugen von seiner langen Geschichte. Die Stadtmauer ist noch fast durchgehend in ihren originalen Ausmaßen erhalten. Außerdem stehen noch 21 der ehemals 27 Befestigungstürme. Zwischen den Türmen des Oberen und des Unteren Tores erstreckt sich seit jeher die Herrnstraße, entlang derer alte Bürgerhäuser die Blicke der Besucher auf sich ziehen. Eines dieser historischen Gebäude ist der Gasthof zum Falken.

Der Betrieb wird seit 1996 von Christine Jaeger, gemeinsam mit ihrem Partner Rainer Trunk, in sechster Generation geführt. 1870 kaufte die Familie den zweigeschossigen, giebelständigen Mansarddachbau und führte das Gasthaus seither durchgehend als Familienbetrieb. Laut Inhaberin Jaeger wird es bereits 1648 erstmals in den Chroniken der Stadt erwähnt, damals allerdings noch in deutlich kleinerer Form. Der Schlussstein im Bogen des Haupteinganges ist mit der Inschrift 1819 bezeichnet; das heutige Erscheinungsbild des Gebäudes geht indes auf das Jahr 1848 zurück. Bis 1957 gehörte zu der Gaststätte eine hauseigene Bierbrauerei. Noch heute zeigt das Hexagramm, der sogenannte Bier- oder Brauerstern im Ausleger des Hauses, dass das Braurecht auf dem Haus liegt. Christine Jaegers Großvater und Vater waren Braumeister. Mit dem Tod des Großvaters 1957 entschied die Familie jedoch, sich ausschließlich auf die Gaststätte zu konzentrieren und Brauerei sowie Landwirtschaft aufzugeben.

Rückblickend war dies wohl eine gute Entscheidung, denn das, was Christine Jaeger und ihr Team heute im Gasthaus zum Falken anbieten, ist weit mehr als einfach nur Gastronomie. Die Küche wird seit Jahren vom Guide Michelin und dem Feinschmecker empfohlen und auch der Gault Millau fand bereits lobende Worte. Gekocht wird von der Chefin persönlich nach den Rezepten ihrer Mutter und nur mit den saisonal vorhandenen Produkten aus der Region. Mediterranes oder Exotisches sucht man hier ebenso vergebens wie Weine aus Frankreich oder Italien – auf der Karte finden sich die Tropfen von rund 15 renommierten Weingütern ausschließlich aus der Gegend rund um Mainbernheim.

Der sechszackige Brauerstern erinnert an die frühere Bierbrauertradtion der Wirtsfamilie Jaeger

Der Falke ist ein traditionelles fränkisches Wirtshaus, das auf jedem Zentimeter Freundlichkeit, familiäre Geborgenheit und Gastlichkeit ausstrahlt. Bereits von außen macht das Haus einen äußerst gepflegten Eindruck. In enger Abstimmung mit dem Landesamt für Denkmalpflege werden regelmäßige Instandsetzungen der Außenfassade durchgeführt.

Der eintretende Gast befindet sich zunächst in einem Gang, an dem die einzelnen Gaststuben liegen. Die gesamte Dekoration des Hauses besteht aus Erinnerungsstücken an vergangene Zeiten: Alte Familienaufnahmen erinnern an die Vorbesitzer des Gasthauses, an den Wänden hängen historisches Zaumzeug, Teile alter Fuhrwerke, ein Wagenrad. Eine Urkunde über die 50-jährige Mitgliedschaft im Pferdeversicherungsverein zeigt das Faible des Großvaters für Pferde, eine Leidenschaft, die sich durch den männlichen Teil der Familie zog. Die Liebe zur Jagd hatte der Großvater hingegen für sich alleine. Aus seiner Zeit stammen die zahlreichen im Haus verteilten Rehgeweihe.

Dass die Jaegers früher Bierbrauer waren, zeigt sich besonders in der Falkenstube. Den gemütlichen Raum mit Kachelofen ziert allerlei historisches Brauereizubehör aus der alten Hausbrauerei. Außerdem hängen Zinnteller, mindestens aus der Zeit des Großvaters, und einige Gewehre aus dem Ersten Weltkrieg an den Wänden. Rund 30 Personen finden hier Platz. Zwar wurde das Mobiliar im Laufe der Jahre immer wieder erneuert, doch zumindest die Holzvertäfelung der Stube ist noch die originale. Sie findet sich auch im großen Gastraum, in dem es mit der holzverkleideten Schanktheke, dem alten Ofenrohr in der Mitte des Raumes, dem Klavier, an dem der Großvater den Geschichten nach noch jeden Gast persönlich begrüßte und verabschiedete, sowie der Wanddekoration aus alten Bildern und kleineren Geweihen ein wenig so wirkt, als sei die Zeit stehen geblieben. 35 Sitzplätze verteilen sich unter der alten Holzdecke. Verschiedene Sprüche wie „Trink nicht in Hast, als sei's ein Spiel, der Weise schießt nicht über's Ziel, er trinkt bedächtig – aber viel" stehen in großen Lettern an die Wände gemalt und dürften schon so manchem Wirtshausbesucher nach einer langen Nacht wieder in Erinnerung gekommen sein.

Wer einen ruhigen Platz zum Essen sucht, kann auch das kleine Stübchen nutzen. Kaum 15 Gäste passen hier hinein, da den meisten Platz ein überdimensionaler Schrank einnimmt, den man um 1910 über einem Kellerabgang errichtet hat.

Den historischen Höhepunkt findet man im ersten Stock des Hauses: ein originaler, sieben Meter hoher fränkischer Jugendstil-Tanzsaal mit einem mächtigen achtarmigen Leuchter in der

Mitte und einer Empore, von der aus man früher das Treiben im Saal beobachten konnte. 1902 wurde er liebevoll restauriert und bietet heute Platz für Gruppen mit bis zu 70 Personen. Den Weg zum Saal hinauf zieren zahlreiche Plakate von Kunstausstellungen, die die kunst- und kulturbegeisterte Chefin des Hauses rund um den Globus besucht hat.

15 Zimmer und zwei Ferienwohnungen mit insgesamt 32 Betten hält der Falke darüber hinaus bereit. Da kann man sich also zum Essen ohne weiteres einen oder mehrere der fränkischen Weine genehmigen. Allerdings sollte man sich vorher um eine Reservierung bemühen, denn die Gastlichkeit des Hauses hat sich längst weit über die Region hinaus herumgesprochen. Nicht nur in Mainbernheim weiß man, dass Christine Jaeger und Rainer Trunk Gastwirte mit Leib und Seele sind und im Gasthaus zum Falken mehr als nur Tradition und Wohlfühlambiente bieten, nämlich auch eine Herberge und Heimat auf Zeit. Und mit genau diesem Anspruch werden 2016 neue Pächter den Falken übernehmen.

Gasthof zum Falken

Herrnstr. 27
97350 Mainbernheim

Telefon: 09323 / 87280

www.zum-falken.de

Öffnungszeiten:
Täglich mittags und abends
Ruhetage:
Montag, Dienstag
(Rosenmontag, Ostermontag, Pfingstmontag und Kirchweihmontag sind geöffnet)

Deutscher Hof in Iphofen

Iphofen im unterfränkischen Landkreis Kitzingen nennt sich selbst die „Weinstadt mit Kultur". Das rührt zum einen daher, dass es hier bei knapp 4500 Einwohnern mehr als 20 Winzer gibt, die ihrem Handwerk in den mineralstoffreichen Keuperböden der steilen Hänge des Steigerwaldes nachgehen. Von jeher haben Weine und Winzer aus Iphofen mit ihren Produkten auch überregional für Furore gesorgt. Das prominenteste Beispiel aus jüngerer Vergangenheit ist das Weingut Johann Ruck. Vor einigen Jahren wurde es von der Zeitschrift Der Feinschmecker in die Liste der „Besten Weingüter der Welt" aufgenommen, und Winzer Ruck belieferte laut eigenen Angaben bereits Kunden wie Fidel Castro und Papst Benedikt XVI. – Zum anderen besticht Iphofen durch sein vollständig erhaltenes mittelalterliches und barockes Altstadtensemble samt Stadtbefestigung. Besonders die wunderbar erhaltene Stadtmauer mit dem Rödelseer

Der Deutsche Hof wurde im 18. Jahrhundert erbaut

Tor (Mitte 15. Jahrhundert), Mainbernheimer Tor (Mitte 16. Jahrhundert), Einersheimer Tor und dem seit 1596 zugemauerten Pesttor geben Iphofen heute sein historisches Gesicht, ebenso wie der Marktplatz mit dem Marienbrunnen, das Rathaus von 1718 und das gesamte Ensemble alter Fachwerkhäuser.

Zu dieser Vielzahl historischer Gebäude zählt auch der Gasthof Deutscher Hof in der Ludwigstraße 10. Der zweigeschossige, traufständige Satteldachbau mit Fachwerkobergeschoss aus dem 18. Jahrhundert wurde 1984 von Franz und Kreszentia Steinruck gekauft. Das Eckhaus, das in seiner bewegten Geschichte unter anderem als Lazarett für Kriegsverwundete, Sitz der Gebietswinzergenossenschaft, Spielhölle und Ledertaschenlager diente, bedurfte allerdings erst einmal einer Grundsanierung. Die Steinrucks tauschten in Eigenregie die Heizung und sämtliche Wasserleitungen aus, installierten eine moderne Küche und sanitäre Anlagen, befreiten die massiven, alten Deckenbalken im Gastraum von ihrer Verschalung, bauten den traditionellen fränkischen Tanzsaal zum privaten Wohnhaus um und richteten sechs Zimmer mit insgesamt bis zu 14 Betten für Übernachtungsgäste ein. Alle Arbeiten, in die das Ehepaar viel Herzblut gesteckt hat, zahlen sich heute aus.

Der Gastraum – gemütlich wie ein Wohnzimmer

Wer einmal im Deutschen Hof gegessen hat, der kommt gerne wieder. Den hohen Anteil von Stammgästen verdankt das Gasthaus besonders seiner Küche. Inhaber und Chefkoch Franz Steinruck hat sie über die Grenzen von Iphofen hinaus bekannt gemacht. Seine Philosophie: Der kurze Weg – vom Bauern über die Küche zum Gast – ist der hierbei beste Weg. Gewürzmischungen, Konservierungsmittel oder gar Fertigprodukte sind Fremdwörter im Deutschen Hof, dafür zählen Direktvermarktung, Regionalität und Saisonalität. Nudeln, Spätzle oder Teigtaschen werden von Hand gefertigt, gesalzen wird nur mit natürlichem Kristallsalz, und vegetarische Kost ist immer auf der Karte zu finden. Die Rohstoffe dafür stammen aus der Region – selbst das Mehl wird von einer Mühle aus der Umgebung bezogen. Für so viel Handarbeit nehmen besonders Reisende, die auf der Nord-Süd-Achse durch Deutschland unterwegs sind, gerne mal einen kleinen Umweg in Kauf. Gäste aus Dänemark, Schweden, Belgien und den Niederlanden zählen zu den regelmäßig wiederkehrenden Besuchern des Hauses. Aber auch für Wanderer oder Wein- und Kulturfreunde von nicht ganz so weit her ist der Deutsche Hof in Iphofen immer ein lohnendes Ziel. Der angebotene Wein stammt ausschließlich von örtlichen Winzern, und die Brände beziehen die Steinrucks aus dem nur knapp zwölf Kilometer entfernten Hüttenheim.

Bilder und Gemälde laden zum Betrachten ein

Der Gastraum des Hauses bietet Platz für rund 30 Personen. Hier ist die Chefin des Hauses, Kreszentia Steinruck, für das Wohl der Gäste verantwortlich. Eine Besonderheit ist der wunderbare Holzboden. Er stammt aus dem traditionellen Tanzsaal und wurde während der Umbauten aufgearbeitet und Stück für Stück im Gasthaus verlegt. Die Wände zieren eine Vielzahl von Bildern, zu einem großen Teil aus dem Nachlass von Johann Paul Steinruck, Franz Steinrucks Vater. Er war Künstler und betrieb eine eigene Kunsthandlung. Bilder von seiner Hand sowie von seinem Lehrer und Mentor Erhard Theodor Astler bilden den Kern der Dekoration. Besonders beliebt sind Iphofen-Motive wie das Rödelseer Tor. Mit Ausnahme einiger liebgewonnener Werke stehen die Bilder zum Verkauf. Ein Besuch im Deutschen Hof kann sich für Kunst- und Kulturliebhaber also auf mehr als eine Art lohnen.

Auch in Iphofen prägen Fachwerkhäuser wie der Deutsche Hof das Stadtbild

Deutscher Hof

Ludwigstr. 10
97346 Iphofen

Telefon: 09323 / 3348

www.deutscher-hof-iphofen.de

Öffnungszeiten:
Freitag–Dienstag ab 18:00 Uhr
Samstag und Sonntag auch
Mittagstisch 12:00–14:00 Uhr
Ruhetage:
Mittwoch, Donnerstag

45

Gasthof Rotes Ross in Markt Einersheim

Inmitten des Landkreises Kitzingen, wenige Kilometer östlich von Iphofen, liegt der Weinort Markt Einersheim. Unweit des Marktplatzes des nur rund 1250 Einwohner zählenden Ortes steht das Rote Ross. Bis ins Jahr 1698 lässt sich die Geschichte des Gasthofes mit ehemaligem Brauereigebäude zurückverfolgen, jedoch ist nicht bekannt, wann genau er errichtet wurde. Sicher ist hingegen, dass die Gaststätte bereits in fünfter Generation in Familienbesitz in Person von Petra und Jürgen Firnbach geführt wird. Im Jahr 1998 übernahmen die beiden, sie eine geborene Ott, das Gasthaus von ihren Eltern und haben sich seither auf die Fahnen geschrieben, ihren Gästen die regionale Vielfalt Frankens durch eine bodenständige, mit „Pfiff“ verfeinerte Küche, und den von ihnen selbst angebauten Wein im Roten Ross näher zu bringen.

Das Gasthaus ist durch das denkmalgeschützte, schmiedeeiserne Wirtshausschild aus dem 19. Jahrhundert von weitem gut sichtbar. Das rote Ross darin weist den Hungrigen und Durstigen den richtigen Weg. Man kann sich fragen, warum das Ross in Markt Einersheim nun rot ist und nicht schwarz, braun oder wirtshausklassisch golden? Dazu hat die gelernte Hotelfach- und Kauffrau Petra Firnbach, die neben ihrer Arbeit als Wirtin

auch Gästeführerin für Weinerlebnis Franken ist, eine passende Antwort parat: Früher gab es in jedem Marktflecken Wirtschaften oder, französisch, Tavernen. Hier erhielten Mensch und Tier Verpflegung und einen Schlafplatz. In Frankreich hießen diese ersten Tavernen an den wichtigen Durchfahrtsstraßen „maison rouge“, also „rotes Haus“. Es wird daher vermutet, dass auch in Franken die „roten“ Gasthäuser die jeweils ersten der Region waren. Und zentral am Marktplatz gelegen, würde dies auch auf das Rote Ross zutreffen.

Heute besteht das Rote Ross aus zwei Gebäuden, dem historischen Gasthof und dem 1988 nebenan errichteten Gästehaus. Beide sind durch einen kleinen Mittelbau verbunden. Betritt man das Gasthaus, kommt man in den zentralen Schankraum mit Theke. Zur Rechten geht es in den ursprünglichen Gastraum, zur Linken in den Neubau. Das Mobiliar besteht im gesamten Haus aus dunklem, massivem Holz und versprüht den Charme eines über Jahrhunderte gewachsenen und stets mit Liebe gepflegten Gasthauses. Allerdings merkt man auch sofort, dass bei der großen Renovierung nicht nur das Gästehaus neu errichtet, sondern auch im historischen Gebäude alles erneuert wurde. Helle Fliesen, weiße Wände und eine dezente Dekoration machen alle Gasträume sehr einladend. Insgesamt finden fast 150 Personen im Roten Ross einen Platz, und auch große Gruppen stellen nach Anmeldung kein Problem dar. Im Sommer lädt zusätzlich die Gartenterrasse mit ihren 30 Plätzen ein.

Im Gasthaus fallen die dekorativen, gusseisernen Ofenplatten an den Wänden auf. Sie entstammen allesamt der Sammelleidenschaft von Senior Friedrich Ott. Vom Vater stammt auch der gut 200 Jahre alte, gusseiserne Ofen, der im Übergang vom alten zum neuen Gebäude steht. Im Winter kann dieses Schmuckstück auch befeuert werden. Viele Details der Dekoration verweisen auf den

Eine der gusseisernen Ofenplatten an den Wänden

eigenen Weinanbau der Firnbachs, die bereits in der vierten Generation rund drei Hektar Weinberge bewirtschaften und mit der Auszeichnung Wein.Schöner.Land bedacht wurden. Sie wird an Gasthäuser mit traditioneller Küche verliehen, deren kulinarische Kunst von den Schätzen aus dem Weinberg inspiriert ist. Dieser Dreiklang zeichnet die fränkische Gastronomie des Roten Rosses aus. Der Weinkeller befindet sich noch heute direkt unter der Gaststube. Natürlich stehen die Weine der Lage Einersheimer Vogelsang zur Verkostung – im normalen Verkauf oder zu den kulinarischen Weinproben. Hierbei gibt es zu jedem Gang eines Menüs den passenden Wein aus dem eigenen Keller. Dekorative und repräsentative Bocksbeutel findet man daher überall im Gasthaus. Müller Thurgau, Silvaner, Bacchus, Weißer Burgunder, Dornfelder, Domina – die Weine der Familie spiegeln die hohen Qualitätsansprüche wider, die Petra und Jürgen an jedes Detail im Roten Ross stellen.

Auch in der Küche findet der Gast die regionale Vielfalt Frankens wieder – selbstverständlich eine traditionelle fränkische, für die frische, saisonale Produkte ein Muss sind. Sie stammen soweit möglich aus der Region. Kräuter, Salate und die Blumen für die Dekoration kommen aus dem eigenen Garten. Besonders hervorzuheben sind die fangfrischen Fischgerichte. Für die Art und Weise, wie sie Küchenchef Jürgen Firnbach zubereitet, wurde der Betrieb bereits vom Bezirk Unterfranken mit dem Goldenen Fisch ausgezeichnet. Karpfen, Forellen und Waller tummeln sich bis zur Bestellung in den Frischwasserbassins des Hauses. Schon die Seniorin, bekannt aus Funk und Fernsehen für ihre gebackenen Karpfen, hat die Gäste mit dem fangfrischen Fisch verwöhnt.

Gerne führt die Chefin ihre Gäste auch in den Weinberg. Dort können sie die edlen Produkte direkt vor Ort genießen. Die Weinbergführungen mit Verkostung erfreuen sich besonderer Beliebtheit. Dann geht es durch die rebenbewachsenen Hänge mit verschiedenen Weinsorten oder auch einmal durch ein Sonnenblumenfeld – besonders im Herbst ist das Farbenspiel der Natur ein ganz besonderer Urlaub für Augen und Geist. Kein Wunder, dass die 20 Zimmer des Hauses auch oft von internationalen Gästen belegt sind. Die Vorzüge einer familiengeführten, urfränkischen Gaststube mit jahrhundelanger Tradition werden weltweit geschätzt.

Gasthof Rotes Ross

V.-Rechteren-Limpurg-Str. 20
97348 Markt Einersheim

Telefon: 09326 / 282

www.firnbach.de

Öffnungszeiten:
Dienstag ab 17:30 Uhr
Mittwoch, Donnerstag, Freitag
11:00–14:00, ab 17:00 Uhr
Samstag, Sonntag durchgehend
Ruhetag: Montag

Gasthof zum Anker in Ochsenfurt

Ochsenfurt nimmt unter den geschichtsträchtigen Orten in Unterfranken eine ganz besondere Stellung ein. Die mit 11 500 Einwohnern größte Stadt im Landkreis Würzburg kann auf eine fast 1300-jährige bewegte Geschichte zurückblicken, die in ihrem baulichen Ausdruck so gut erhalten ist wie an kaum einem anderen Ort. Allein im Ensemble Altstadt Ochsenfurt existieren mehr als 200 Einzelbaudenkmäler – die weitgehend erhaltene Stadtbefestigung mit Türmen, Toren und Gräben sowie die Alte Mainbrücke gar nicht mitgezählt. Doch nicht nur der historische, in den Jahren 2007 bis 2011 sanierte und neu gestaltete Ortskern, sondern auch die umliegenden Stadtteile halten für Geschichtsinteressierte viele Entdeckungen bereit. Eines der sanierten Häuser der Altstadt ist der Gasthof zum Anker in der Brückenstraße 10. Diese ist nach der Hauptstraße die breiteste und belebteste Straße der Innenstadt. Sie hat eine geschlossene, giebel- und trauf-

Die Gaststube

ständige, zweigeschossige Bebauung, im Wesentlichen aus dem 16. bis 18. Jahrhundert, darunter auch das Wirtshaus zum Anker.

Der dreigeschossige Schopfwalmdachbau mit Fachwerkobergeschossen steht seit dem Jahr 1693. Im Jahr 1799 wurde hier erstmals eine Gastwirtschaft mit Übernachtungsbetrieb eröffnet. Im Jahr 1833 machte der Ochsenfurter Magistrat den Weg frei für eine Erweiterung: So erhielt der Gastwirt Heim die Konzession, auf dem Gelände seiner Gastwirtschaft eine Brauerei zu errichten. In kurzer Zeit entstand die Anker-Brauerei, benannt nach dem gleichnamigen Gasthaus. 1877 gingen beide Betriebe in den Besitz des Bierbrauers Dietrich Oechsner über. Dieser führte ab 1881 eine gezielte Modernisierung seines neuen Anwesens durch. Seit dieser Zeit befindet sich das Gasthaus im Familienbesitz. 1902 wurde die Bierbrauerei aus der Altstadt hinaus verlagert. Das Wirtshaus blieb aber in seiner ursprünglichen Funktion in der Brückenstraße erhalten.

Seit Februar 2015 führen die erfahrenen Wirtsleute Claudia und Horst Becker den Betrieb. Sie übernahmen ein Haus, das vor traditionellem fränkischem Wirtshauscharme übersprudelt. Ist das sanierte Fachwerk der Außenfassade bereits eine Augenweide, hat man das Gefühl, im Anker selbst sei die Zeit einfach stehen geblieben. Das L-förmige Erdgeschoss hat eine gewölbeähnlich gerundete, weiß gestrichene Decke sowie einen gefliesten Boden und präsentiert sich mit jeder Menge Holz. Eine fast vollständig umlaufende Sitzbank zieht sich unter einer hohen, auf Hochglanz polierten Holzvertäfelung um die Gaststube. Die bemalten Bleiglasfenster zeigen das Wappen der Stadt und Szenen aus ihrer Geschichte. Die Innenseite der hölzernen Eingangstür ziert eine Malerei, die an die Bierbrauerei erinnert. 70 Personen bietet dieser urfränkische Gastraum

Der Ausleger mit dem Erbauungsjahr 1693 und den Initialen von Dietrich Oechsner (1877). Unten: Das Ochsenfurter Wappentier in einem der Bleiglasfenster

Platz. Im Sommer lädt ein großer Biergarten mit eigenem Außenausschank und zwei großen Holzpavillons zum Verweilen ein. Ein großer Zierbrunnen mit kleinem Wasserlauf zieht plätschernd die Blicke auf sich und vermittelt ein Gefühl der Ruhe und Behaglichkeit.

In der Küche des Hauses steht der Chef Horst Becker selbst an den Pfannen. Bodenständige fränkische Küche ist bei ihm Programm. Die ofenfrischen Schäufele oder der Ochsenfurter Ankerbraten – ein Schweinsbraten in Schwarzbier-Kümmel-Soße – passen perfekt zum ländlichen Flair des Hauses. Das Fleisch dafür kommt von der Metzgerei gegenüber. Für den Service des Hauses zeichnet Claudia Becker verantwortlich. Gemeinsam können beide bereits auf gut 50 Jahre Gastronomieerfahrung zurückblicken. Besonders Fahrradtouristen und Pilger des Jakobswegs nutzen die Möglichkeit, in einem der sieben Zimmer des Hauses zu nächtigen. Auch die Bevölkerung schätzt die familiäre Atmosphäre des Traditionshauses.

Gasthof zum Anker

Brückenstr. 10
97199 Ochsenfurt

Telefon: 09331 / 7409

www.anker-ochsenfurt.de

Öffnungszeiten:
Montag ab 17:00 Uhr
Dienstag–Freitag ab 11:00 Uhr
Samstag, Sonntag, Feiertage ab 10:00 Uhr

47

Gasthof Bären in Ochsenfurt

Ochsenfurt, die Stadt im südlichen Maindreieck, ist mit ihrer historischen Altstadt jedes Jahr Ziel zahlreicher Touristen und Kulturliebhaber. Von Norden führt seit dem 16. Jahrhundert eine monumentale mehrbogige Steinbrücke über den Main, die, nach zunächst drohendem Abbruch, in den Jahren 2010/11 denkmalgerecht saniert wurde. Das Ensemble der Altstadt wird neben der mittelalterlichen Stadtbefestigung vor allem durch Fachwerkbauten aus dem 16./17. Jahrhundert geprägt, die im 18. Jahrhundert teilweise verputzt und barockisiert wurden. Von West nach Ost durchzieht die Hauptstraße mit platzartigen Erweiterungen das Altstadtgebiet mit seinem rechteckigen Grundriss von etwa 400 auf 500 Metern. Am östlichen Ende der Straße, direkt gegenüber dem Oberen Tor, finden wir das Gräflich Königseggische Haus.

Das imposante dreigeschossige Anwesen mit Walmdach, Risaliterker und Hausteingliederung wurde Anfang des 18. Jahrhunderts von der Gräfin von Königsegg erbaut und diente zunächst als Adelssitz. Wie die weithin sichtbare Aufschrift zu erkennen gibt, befindet sich dort der Gasthof zum Bären.

Seine Geschichte beginnt im Jahr 1797 mit dem Bäcker Peter König, der damals Besitzer des Gebäudes war. Am 5. September jenes Jahres erhielt er die Braulizenz und war fortan befugt, in seinen Räumlichkeiten Bier zu brauen. 1799 erhielt er zudem das Schildrecht, er durfte also einen Ausleger als Hinweis auf die Schenke anbringen. Seitdem trägt die Wirtschaft der damals König'schen Brauerei den Namen Zum (schwarzen) Bären.

1936 übernahm die Ochsenfurter Privatbrauerei Oechsner das Anwesen mitsamt der Mälzerei. Gebraut wird dort schon lange nicht mehr, aber tiefe Bierkeller und allerhand Erinnerungen an den Brauereibetrieb zeigen in den Gasträumen die einstige Präsenz des Familienunternehmens in diesem Haus. Nach zahlreichen Pächterwechseln in den letzten Jahren betreibt Familie Oechsner seit 2015 das traditionsreiche Lokal selbst.

Das Innere der Gastwirtschaft bietet in drei Stuben Platz für insgesamt rund 100 Besucher. Der hohe Hauptgastraum ist mit edlem Fischgrätparkett ausgestattet. Durch viele bleiverglaste Fenster, darunter auch ein breites rundbogiges, fällt angenehmes Licht. Eine umlaufende Bank in rötlichem Braun, polierte Ahorntischplatten und massive dunkle Stühle prägen den Raumeindruck und schaffen eine einladende Atmosphäre. Die angrenzende Zirbelstube glänzt ihrem Namen entsprechend mit qualitätvoller Zirbelholz-Ausstattung und atmet ländlichen Charme.

Links der Gaststube bietet die Frankenstube den passenden Rahmen für Feiern im privaten Kreis. In den Bleiglasscheiben der Fenster sind die Wappen der umliegenden Gemeinden zu bewundern, was dem Raum seinen Namen eingebracht hat. Zeichnungen fränkischer Künstler an den Wänden unterstützen diese Heimatverbundenheit.

Die Frankenstube erhielt ihren Namen wegen der Wappen der Nachbargemeinden in den Fenstern

Besonders in kulinarischer Hinsicht ist der Familie Oechsner ein großer Wurf gelungen: 2015 konnte sie Spitzenkoch Ferdinand Bogner für die Küche des Bären gewinnen. Zuletzt führte der erfahrene Küchenchef 25 Jahre lang sein eigenes Restaurant, das historische Gasthaus zum goldenen Anker in Segnitz am Main, wenige Kilometer östlich von Ochsenfurt. Innerhalb kürzester Zeit etablierte sich der Anker als eines der besten Restaurants für internationale Küche zwischen Frankfurt und Bamberg.

Heute trägt das Gasthaus Bären die unverwechselbare Handschrift Ferdinand Bogners. Rund 20 Jahre verbrachte er im Ausland, die meiste Zeit davon in Kanada, wo er unter anderem im berühmten Banff Springs Hotel im Banff Nationalpark und als Chefkoch im renommierten Spezialitätenrestaurant Old House am Ufer des Courtenay River in Westkanada tätig war. Dort entdeckte er seine Passion für außergewöhnliche Gerichte, und sein Leitspruch „Something different!“ – „Mal was anderes!“ prägt auch das Antlitz der Speisekarte im Bären. Zum einen bietet die Menükarte fränkische Klassiker regionaler Herkunft wie Bierbrauersuppe mit Schwarzbier und Speck, gekochtes Rindfleisch mit Meerrettichsoße, Meefischli und die Hausspezialität „glasierte Leiterli“ – mit Bier und Honig marinierte Rippchen vom Rind. Zum anderen werden ausgefallene Spezialitäten aus aller Herren Länder serviert. Die wechselnde Spezialkarte empfiehlt beispielsweise exquisite Muscheln und Meeresfrüchte, exotische Fisch- und Fleischgerichte oder bestes argentinisches Steak. Der Kreativität scheinen kaum Grenzen gesetzt und das Studium der Karte, die voller Überraschungen steckt, nimmt einige Zeit in Anspruch.

Doch egal, ob Sie sich letztendlich für Altbewährtes oder „Mal was anderes“ entscheiden – die Einkehr im historischen Gasthof Bären ist ein Erlebnis.

Gasthof Bären Ochsenfurt

Hauptstraße 74
97199 Ochsenfurt

Telefon: 09331 / 8660

www.gasthof-baeren-ochsenfurt.de

Öffnungszeiten:
Mittwoch–Freitag
17:30–21:00 Uhr
Sonn-und Feiertage
11:30–14:00 Uhr
Ruhetage:
Montag, Dienstag

Gutshof Andres in Pettstadt

Ein malerisches Fleckchen Erde verbirgt sich im kleinen Ort Pettstadt, der zum Landkreis und zum Naturpark Haßberge gehört. Malerisch eingerahmt von alten Laubbäumen, grünen Wiesen und einem Fischteich liegt der Gutshof Andres, ein Ensemble aus Fachwerkbauten mit roten Balken.

Das Anwesen wurde 1750 zur landwirtschaftlichen Nutzung erbaut. Seit wann die Familie Andres hier wohnt, ist nicht genau bekannt. Nachweisen lässt sich aber, dass sie seit 1690 in Pettstadt ansässig ist. 1839 erhielt Johann Friedrich Andres die Erlaubnis, auf dem Gelände Bier zu brauen und eine Gastwirtschaft zu führen. Seit dem Jahr 2000 schwingt Bernd Andres den Kochlöffel im Gutshof. Seine Küche bietet bodenständige fränkische Gerichte, modern und kreativ abgewandelt. Der Familie ist vor allem daran gelegen, möglichst viele selbst erzeugte oder zumindest aus der Region zugekaufte Produkte zu verwenden. Bier wird inzwischen allerdings nicht mehr selbst gebraut.

Vater Georg ist zwar längst in Rente, doch kann bei ihm von Ruhestand nicht die Rede sein: Mit Begeisterung kümmert er sich um die Landwirtschaft und stellt Obstbrände, Liköre, Seccos und Fruchtsäfte her – das Obst stammt natürlich aus dem eigenen Garten. Seine abwechslungsreiche Auswahl umfasst mittlerweile etwa 55 Sorten. Auch Mutter Elfriede steht noch jede Woche in der hauseigenen Backstube und stellt ihr beliebtes Sauerteigbrot her. Daneben werden Marmeladen, Wurst, Bratwürste, Kuchen und noch einiges mehr gefertigt. Auch der Weiher am Haus bleibt nicht ungenutzt: Bis zu 400 Karpfen tummeln sich im Gewässer und kommen ganz frisch auf jeden Teller. F(r)ischer geht es nicht!

Im Sommer laden die Grünflächen am Rande des Weihers und vor allem die Holzbank auf der kleinen, begrünten Insel, zu der ein schmaler Steg führt, zum Verweilen und Träumen ein. Weitere Sitzmöglichkeiten bietet der Hof vor dem Hauseingang, der von zwei Häuserfronten und Laubbäumen eingefasst wird. Kinder bekommen beim Anblick des kleinen Streichelzoos große Augen. Hier tummeln sich Kaninchen, während zwei Hängebauchschweine philosophisch im Stroh liegen und die Ziege um Aufmerksamkeit und Futter bettelt.

Die Einrichtung der Stube stammt von 1920

Werfen wir einen Blick in die Gaststuben! Im geräumigen und gefliesten Hausflur werden in einer Vitrine die selbst hergestellten Leckereien zum Kauf angeboten. Die Obstbrände sind auf der hölzernen Wandverkleidung im Thekenraum aufgereiht und können selbstverständlich auch – wohlgemerkt nach Bezahlung – mit nach Hause genommen werden. Das Erscheinungsbild der Stuben geht auf das Jahr 1920 zurück. Bei den damaligen Renovierungsarbeiten wurden sie mit dem heute noch großenteils erhaltenen Mobiliar und den Holzvertäfelungen ausgestattet. Außerdem wurden damals die schönen barocken Stuckdecken aus der Erbauungszeit um 1750 entdeckt und freigelegt. Diese Kombination verleiht dem Ganzen eine besondere Note. Seit 2002 gibt es einen neuen Anbau in Form eines hohen Wintergartens mit Fachwerk in

Der 2002 angebaute Wintergarten

blassem Grün. Durch die großen, weiß gerahmten Fensterfronten hat man einen Blick auf den Teich.

Mittlerweile stehen den Gästen auch zwei kleine, im ländlichen Stil eingerichtete Ferienwohnungen in den Räumlichkeiten der ehemaligen Brauerei zur Verfügung. Ab Frühjahr 2016 kommen weitere Gästezimmer mit Terrasse hinzu – beruhigend zu wissen, wenn man sich einmal nicht erst zu Hause, sondern gleich beim Erzeuger durch die köstlichen Obstbrände hindurchprobieren will. Nach dem Genuss einer der legendären Pettstadter Enten ist dies sehr zu empfehlen!

Der Gastraum mit der barocken Stuckdecke aus der Zeit um 1750

Gutshof Andres

Pettstadt 1
96166 Kirchlauter

Telefon: 09536 / 221

www.gutshof-andres.de

Öffnungszeiten:
Donnerstag–Montag
ab 11:30 Uhr
Küchenöffnungszeiten:
Donnerstag–Montag
11:30–14:00 Uhr
17:30–21:00 Uhr
Ruhetage:
Dienstag, Mittwoch

49

Brauereigasthof Göller zur Alten Freyung in Zeil am Main

Zeil, die Stadt am Fuße der Haßberge, kann auf eine lange Geschichte zurückblicken. Belege für eine erste Besiedelung der Region führen zurück bis in die Mittelsteinzeit. 1018 wurde ein landwirtschaftlicher Großhof der Markgrafen von Schweinfurt als „Curtis Zilin“ erstmalig schriftlich erwähnt. 1379 wurde den Zeiler Bürgern von Bischof Lamprecht von Brunn das Recht verliehen, sich mit einer Mauer zu schützen und ein Stadtgericht zu etablieren. Das Bild des Ortskerns prägen heute vor allem Fachwerkbauten des 17. und 18. Jahrhunderts. Das dunkelste Kapitel der Geschichte: Als Richtstätte des Hochstifts Bamberg war Zeil im 17. Jahrhundert ganz dem um sich greifenden Hexenwahn ausgeliefert. Bis der

Seit 1908 befindet sich die Brauerei „Zur Alten Freyung" im Besitz der Familie Göller

Dreißigjährige Krieg und dessen Auswirkungen 1631 Zeil erreichten, wurden dort mehr als 400 vermeintliche Malefizpersonen verbrannt. Heute ist dieser Geschichtsabschnitt der Stadt im Hexenturm nordwestlich des Marktplatzes für die Öffentlichkeit dokumentiert.

Nordöstlich des Marktplatzes, die Speiersgasse entlang, finden wir an ihrem Ende den Brauereigasthof Göller zur Alten Freyung mitsamt Brauerei. Das linke Gebäude des Komplexes, ein zweigeschossiger und traufständiger Satteldachbau aus dem 16. Jahrhundert mit Fachwerkobergeschoss, bildet heute den Eingang zur Brauerei. Ein Relief, das Hauswappen, zeigt die Heiligen Heinrich und Kunigunde und bezeichnet das Jahr 1514 – das Jahr der Verleihung des realen Brau- und Schankrechts, symbolisch dargestellt durch das Kaiserpaar als Vertreter des Bistums Bamberg. Damit ist die Zeiler Brauerei eine der ältesten Bayerns.

Der anschließende stattliche Sandsteinquaderbau mit Halbwalmdach beherbergt den Brauereigasthof. Sein Name verweist auf die mittelalterliche Geschichte des Ortes: Als Freyung wurde damals ein Gebiet oder eine Stätte bezeichnet, in der die sonst geltenden Rechtsvorschriften keine Gültigkeit besaßen, ein Privileg kleinerer Herrschaften. Verfolgte konnten hier Asyl finden und waren vor Ahndung sicher, so lange sie sich in den Grenzen der Freistatt aufhielten. Meist war dieser Schutz auf eine bestimmte Dauer begrenzt, doch hat so mancher Rechtsbrüchige heimlich durch die nahe Stadtmauer fliehen und so einer Bestrafung entgehen können.

Seit 1998 führt das Pächterehepaar Rausch den geräumigen Brauereigasthof in enger Zusammenarbeit mit Familie Göller. Immerhin 140 Gäste haben Platz in der weitläufigen Gaststube mit dem angrenzenden Nebenraum. Im Schützenzimmer können noch einmal 40 weitere Gäste bewirtet werden. Von hier aus gelangt man außerdem zur gern genutzten Kegelbahn. Nicht fehlen darf natürlich auch ein Stammtisch wie der „zum ehrlichen Wort", gesellige Plattform für allerhand Neuigkeiten aus dem Ort und der Welt.

In der Gaststube und dem Nebenraum mit ihrem ländlichen Charme wird die enge Verbundenheit mit der Brauerei besonders deutlich. An den Wänden erinnern alte Brauereiarmaturen an den Betrieb zu Großvaters Zeiten. Zahlreiche Auszeichnungen und Ehrungen dokumentieren den erfolgreichen Werdegang des mittlerweile in vierter Generation geführten Familienunternehmens. Seit 1908 schließlich ist die Brauerei im Besitz der Familie Göller.

Während Hubert Rausch immer bei seinen Gästen präsent ist, sorgt seine Frau Marga in der Küche für das leibliche Wohl. Die Brotzeiten mit Zutaten aus eigener Herstellung erfreuen sich besonderer Beliebtheit: wie es sich gehört, mit Hausmacherwurst, rotem und weißem Presssack, Leberwurst und geräuchertem Schinken. Freilich stehen auch Klassiker wie das knusprige Schäuferla auf der Karte, und mit verschiedenen Kindergerichten wird auch auf das Wohl der kleinen Gäste geachtet. Perfekt abgerundet wird der Genuss durch die Spezialitäten aus dem reichhaltigen, DLG-prämierten Göller'schen Biersortiment, schließlich sitzt man direkt an der Quelle. Bei einer Auswahl, die vom klassischen Pils über Rauchbier, Dunkles und Lager bis zu verschiedenen Weißbieren reicht, kommt jeder Kenner und Liebhaber gepflegter Bierkultur auf seine Kosten. Ergänzt wird die Palette von verschiedenen Saisonbieren, die unter anderem von Sohn Felix, 2013 Bundessieger im Brauer- und Mälzerhandwerk, mitentwickelt werden. Hier sollte man auf jeden Fall zugreifen, denn der Vorrat an diesen Köstlichkeiten kann schnell zur Neige gehen.

Weit über die Grenzen Zeils hinaus bekannt ist das Traditionshaus auch für den Göller-Garten, den weitläufigen Biergarten mit Kinderspielplatz im Hof hinter dem Gasthaus. Unter schattenspendenden Kastanien können es sich hier in geselliger Atmosphäre bis zu 600 Gäste gut gehen lassen. Keine Frage, dass diese enorme Kapazität bei Anlässen wie dem Bockbieranstich oder dem Sommernachtsfest voll ausgeschöpft wird. Zur kalten Jahreszeit wird im Festsaal im Obergeschoss der Gastwirtschaft gefeiert. Rund 500 Besucher finden hier Platz, und der alljährliche Lumpenball zu Fasching ist ein Pflichttermin im Kalender aller Narrischen in Zeil und Umgebung.

Der Brauereigasthof Göller in Zeil am Main kann auf eine ereignisreiche Geschichte zurückblicken und ist Anlaufpunkt gleichermaßen für Einheimische und Touristen. Mit den drei Söhnen Max, Felix und Fritz steht die vierte Generation des Familienunternehmens bereit, die Tradition verantwortungsbewusst fortzuführen. Zusammen mit Familie Rausch sieht man im Gasthof zur Alten Freyung also einer ereignisreichen Zukunft entgegen.

Brauereigasthof Göller

Speiersgasse 21
97475 Zeil am Main

Telefon: 09524 / 9554

www.brauerei-goeller.de

Öffnungszeiten:
Montag–Sonntag
09:30–01:00 Uhr
warme Küche
bis 21:30 Uhr
Ruhetag: Dienstag

50

Gasthaus Zehendner in Ebelsbach

Hier, im Landkreis Haßberge, treffen Bier- und Weinfranken aufeinander. Während der Nachbarort Zeil mit der Brauerei Göller (siehe Nr. 49) im Zeichen des Bieres steht, kommen Weinliebhaber im Gasthaus Zehendner zu Ebelsbach ganz auf ihre Kosten. Der Keuperboden am Steinbacher Nonnenberg und Ziegelangerer Ölschnabel bildet die Grundlage für den Weinbau, den die Familie mittlerweile in sechster Generation betreibt. Auch die zugehörige Weinstube gibt es schon seit der Zeit um 1860.

Ortsauswärts in Richtung Norden, im Ortsteil Gleisenau, ist die Wirtschaft mit der Aufschrift „Gasthaus Zehendner" im Giebel nicht zu übersehen. Schräg gegenüber steht das Schloss im Stil des späten Rokoko, ein ehemaliges Wasserschloss, das heute die Verwaltungsgemeinschaft Ebelsbach beherbergt.

Der denkmalgeschützte Pavillon aus der Zeit um 1900 …

Wenn sie um 15 Uhr ihre Pforten öffnet, füllt sich die Weinstube rasch mit Gästen aus Ebelsbach und Umgebung. Auch Bamberger und Coburger finden sich darunter, denn die hervorragenden Weine und hausgemachten Brotzeiten der Winzer-, Land- und Gastwirtsfamilie Zehendner sind weithin bekannt. Abgesehen vom Weinbau betreibt die Familie eine Schweinemast, bei der die Tiere von Hand mit eigenem Getreide gefüttert werden. Die luftgetrocknete Salami, die nach einem rund 100-jährigen Rezept hergestellt wird, gibt es nur von März bis Mai. Das selbst gebackene Schwarzbrot aus Sauerteig passt hervorragend dazu. Auch die anderen Brotzeiten wie Zwetschgenbames (geräucherter Rinderschinken), Hausmacherwurst, Bratwürste, Blaue Zipfel und der Kochkäse nach traditionellem Rezept sind verlockend; die Entscheidung fällt wahrlich nicht leicht. Sonn- und feier-

tags gibt es zum Mittagstisch deftiges fränkisches Festtagsessen: Gänsebrust, Schweinebraten, Sauerbraten oder Rindfleisch mit Kree (also Meerrettich). Nachmittags kommt selbstgebackener Kuchen auf den Kaffeetisch.

Im Vordergrund steht freilich der Wein. Die Palette reicht vom vollmundigen Silvaner über fruchtig leichten Bacchus und süffigen Müller-Thurgau bis zum samtig weichen Regent und edlen Zweigelt. Die Sorten Müller-Thurgau und Silvaner werden direkt aus dem Fass ausgeschenkt. Von eigenen Streuobstwiesen kommen die Äpfel für Most, der ebenfalls vom Fass gezapft wird. Zur Weinlesezeit genießt man den spritzigen Federweißen, klassisch mit Zwiebelkuchen.

In den einladenden Räumlichkeiten bei Zehendners vergisst man schnell die Zeit. Im Gast- und im Nebenraum finden jeweils 40 Gäste Platz. Die Ausstattung geht auf die grundlegende Renovierung 1992 zurück und fügt sich mit kassettierter Täfelung und massivem Mobiliar zu einem stimmigen Bild. Die umlaufende Bank sorgt für gesellige Gemütlichkeit. Details wie schmiedeeiserne Weinranken und Trauben bekunden die Wertschätzung des Weins und des Winzerhandwerks. Ein prächtiges Original ist die Decke mit den dunklen Sichtbalken, die auf einem mächtigen alten Unterzug ruht.

... eine Rarität im Frankenland!

Am ersten Tisch rechts herrscht täglich reger Stammtischbetrieb, und bei geselligem Beisammensein werden Neuigkeiten ausgetauscht und diskutiert. Zudem schätzen viele ortsansässige Vereine die gastliche Atmosphäre in der Weinstube, und so treffen sich auch die Frauenabordnung der Feuerwehr oder die Gymnastikgruppe hier regelmäßig. Josef und Renate Zehendner haben demnach alle Hände voll zu tun. Mit Sohn Christian, gelerntem Landwirt und Winzer, und seiner Familie ist die Nachfolge für das Traditionshaus aber bereits gesichert, das schließlich schon seit etwa 1840 im Besitz der Familie ist.

Ein ganz besonderes Fleckchen im Sommer ist der Pavillon direkt auf der gegenüberliegenden Straßenseite. Die achteckige, rosenbewachsene Holzlaube mit Haussteinsockel und Zeltdach steht unter Denkmalschutz und stammt aus der Zeit um 1900. Keine Frage, dass man hier an lauen Sommerabenden und in weinseliger Stimmung gerne etwas länger verweilt, und manchen Schoppen mehr genießt – oder, um mit Goethe zu sprechen: „Hier bin ich Mensch, hier darf ich's sein.“

Gasthaus Zehendner

Obere Eichenleite 2
97500 Ebelsbach-Gleisenau

Telefon: 09524 / 3031939

www.gasthaus-zehendner.de

Öffnungszeiten:
Werktags ab 15:00 Uhr
Sonntag ab 09:00 Uhr
1. Sonntag im Monat geschlossen
Ruhetag: Donnerstag